LUIZ FERNANDO VIANNA

joão nogueira

DISCOBIOGRAFIA

SAMBA BOOK

Casa da Palavra

Direção editorial
Ana Cecilia Impellizieri Martins
Martha Ribas

Direção gráfica
Thaís Marques

Coordenação de produção editorial e gráfica
Cristiane de Andrade Reis

Produção editorial
Juliana Teixeira

Copidesque
Carolina Leal

Revisão tipográfica
Pedro Nóbrega
Umberto Figueiredo Pinto

Direção de arte e design
Retina 78

Idealização do Sambabook
Afonso Carvalho

MUSICKERIA

Direção de Marketing
Luiz Calainho

Direção Artística
Afonso Carvalho

Direção Comercial
Sergio Baeta

Direção Executiva
Flávio Pinheiro

CIP-BRASIL. CATALOGAÇÃO-NA-FONTE
SINDICATO NACIONAL DOS EDITORES DE LIVROS, RJ

V671j

Vianna, Luiz Fernando
João Nogueira : discobiografia / Luiz Fernando Vianna. - Rio de Janeiro : Casa da Palavra, 2012.
256p. : (Samba book)

ISBN 978-85-7734-243-3

1. Nogueira, João, 1941-2000. 2. Compositores - Brasil - Biografia. I. Título. II. Série.

12-1562. CDD: 927.8164
CDU: 929:78.067.26

16.03.12 16.03.12 033785

CASA DA PALAVRA PRODUÇÃO EDITORIAL
Av. Calógeras, 6, 1001 – Rio de Janeiro
21.2222-3167 21.2224-7461 divulga@casadapalavra.com.br
www.casadapalavra.com.br

MUSICKERIA
www.sambabook.com.br

LUIZ FERNANDO VIANNA

joão nogueira

DISCOBIOGRAFIA

Casa da Palavra

Corria o ano de 2009 e a turnê de lançamento do CD *Tô fazendo a minha parte*, do cantor Diogo Nogueira, viajava por todo o Brasil. Numa dessas viagens, voltando de carro de Juiz de Fora para o Rio de Janeiro, Diogo e eu conversávamos longamente sobre a importância da obra de João Nogueira para a música brasileira. Apesar do grande prestígio de João entre os artistas, compositores e o mundo do samba em geral, Diogo reclamava das poucas homenagens que o pai havia recebido, em vida e após seu falecimento. Dali a dois anos, em 2011, João faria 70 anos se estivesse vivo. Tivemos naquele momento a certeza de que era chegada a hora de fazer uma grande (e justa) homenagem.

As ideias fluíam sem parar, e se o carro em que estávamos não fosse protegido por uma película escura, poderíamos facilmente ter sido confundidos com loucos fugindo do hospício, tal a intensidade com que gesticulávamos falando sobre tudo o que faríamos: um grande show, DVD, CD e mais muito mais! Queríamos realizar mais do que um registro e uma homenagem; queríamos um projeto que ajudasse a popularizar e perpetuar a obra de João Nogueira, especialmente para as gerações futuras.

Na verdade, o trabalho do Diogo já vinha dando a sua contribuição para isso, já que desde o seu primeiro DVD ele vinha gravando alguns dos principais clássicos do pai. Não é exagero dizer que muitos jovens conhecem músicas como "Poder da criação", "Batendo a porta" e " Nó na madeira" através das gravações do Diogo (e chegam a achar que essas músicas são dele). Diogo cantava João porque gostava, porque João era a sua principal referência, a sua verdadeira "escola de samba."

E pensando em estimular os jovens e músicos ao estudo das músicas de João, decidimos ir além do CD e DVD, lançando um conjunto de partituras de suas músicas, inspirado no "Songbook", famoso projeto do saudoso Almir Chediak (que por acaso havia sido meu professor de violão quando eu tinha 12 anos). Completando o projeto, pensamos em um livro que contasse a história de sua carreira a partir de sua vasta produção discográfica.

Assim, tive a ideia do nome e nasceu ali o SAMBABOOK.

Desde esse dia, nossas mentes fervilham, buscando conceber um projeto audacioso, completo e com uma qualidade que possa torná-lo referência no assunto.

Essa Discobiografia que chega às mãos do leitor é parte de um conjunto de obras, incluindo dois CDs, um DVD e um Blu-Ray, que apresentam regravações de 24 músicas clássicas de João na voz de grandes nomes da música brasileira, além de um fichário com as partituras de suas 60 principais músicas. Todo esse material também estará disponível em meio digital, através do nosso site e dos aplicativos para tablets e smartphones. Todas as gravações foram feitas com a transcrição dos arranjos originais e boa parte dos músicos que gravaram o Sambabook já havia tocado com o próprio João Nogueira em algum momento de sua carreira. Nem preciso dizer o quão emocionante foi nosso período em estúdio.

Mas, então, quer dizer que foi só sonhar, planejar e desenvolver o projeto para tudo acontecer? Certamente que não! Após o conceito inicial do projeto, faltavam os parceiros para transformar o sonho em realidade. E é aí que, em 2010, entram os empresários (e visionários) Luiz Calainho e Sérgio Baeta, que abraçaram o nosso sonho e não mediram esforços para viabilizá-lo ao meu lado e ao lado do Diogo.

Assim, o SAMBABOOK João Nogueira tornou-se o primeiro produto da Musickeria, empresa da qual orgulhosamente vim a tomar parte, e que nasceu com a missão de investir em boas ideias e viabilizar projetos especiais ligados à música brasileira.

Não poderíamos deixar de agradecer à Petrobras (uma das empresas que mais investem em cultura no Brasil) e ao Banco Itaú. Contamos também com a valiosa parceria da Casa da Palavra, responsável pela edição deste livro, e do Canal Brasil. Ambos foram parceiros de primeira hora e tiveram a visão de longo alcance para antever, desde o início, o que esse projeto representaria.

Sem mais, caro leitor, espero que você se deleite com as deliciosas histórias que permearam as gravações dos 20 álbuns de João Nogueira. É disso que trata esta Discobiografia, escrita pelo jornalista **Luiz Fernando Vianna**, incansável pesquisador da nossa música e da rica história de João.

Por fim, agradeço a todos os artistas, músicos, técnicos e profissionais que participaram da produção deste projeto.

Vida longa ao Sambabook!

Afonso Carvalho
Idealizador e Produtor do Sambabook
e empresário do cantor Diogo Nogueira.

Vem Quem Tem
João Nogueira
Espelho
Disco de 12 sambas, o grito do subúrbio com o som da Lapa
1
João Nogueira boca do povo
2
e lá vou eu
João Nogueira
O homem dos quarenta
4
João Nogueira & Paulo César Pinheiro
Parceria
5
7
8
João de todos os sambas
9
De amor é bom
11
Esquina Carioca
Uma noite com a raiz do samba
12
Chico Buarque
Marinho Boffa
14
O grande Presidente
Beth Carvalho
15
16
17
18
19

joão nogueira

LUIZ FERNANDO VIANNA

SUMÁRIO

João Nogueira, 1973

Agradecimentos

Aos que contribuíram com depoimentos e informações:

Adelzon Alves, Afonso Machado, Alceu Maia, Alcione, Aldir Blanc, Aluizio Falcão, Ângela Nogueira, Antonio Carlos Athayde, Aramis Barros, Beth Carvalho, Carlinhos Vergueiro, Clarisse Nogueira, Cláudio Jorge, Cristovão Bastos, Didu Nogueira, Diogo Nogueira, Edil Pacheco, Eduardo Gudin, Eugenio Monteiro, Geraldo Vespar, Guinga, Helio Delmiro, Ivor Lancellotti, João Augusto, Joel Nascimento, Jorge Cardoso, Jorge Simas, José Roberto Bertrami, Lu Araújo, Luiz Grande, Marinho Boffa, Martinho da Vila, Max Pierre, Miguel Plopschi, Milton Manhães, Moacyr Luz, Monarco, Nei Lopes, Nonato Buzar, Paulo César Feital, Paulo César Pinheiro, Paulo Debétio, Renato Corrêa, Sérgio Cabral, Tatiana Librelato, Tuninho Galante, Wilson das Neves.

PODER DA CRIAÇÃO

João em sua primeira comunhão, aos 6 anos

João Baptista Nogueira,
pai de João Nogueira,
década de 1940

Do pai advogado, músico, boêmio e fumante (de Liberty Ovais, o *must* da época), João Baptista Nogueira Júnior só não herdou a advocacia, logo a área em que João Baptista Nogueira e sua mulher, Neusa, provavelmente mais gostariam de vê-lo. Ainda assim, seria impossível o "mestre" – como Pixinguinha e outros se referiam ao pai de João Nogueira, exímio violonista, que chegou a acompanhar Noel Rosa – não ter orgulho do cantor e compositor que o filho se tornou, um dos melhores e mais carismáticos da história do samba. E, apesar disso, foi realmente impossível: o velho João morreu aos 49 anos, em 1952, de tuberculose, sem ter tido tempo de dar lições musicais ao caçula ou apreciar "Nó na madeira", "Poder da criação", "Súplica" e diversas composições que fariam de seu filho João Nogueira um nome inesquecível.

Nascido em 12 de novembro de 1941, João, irmão mais novo de Lídia Maria e Gisa, ainda não tinha completado 11 anos quando perdeu o pai, um homem rígido mas nunca violento, que exercia seu poder com o olhar incisivo. O menino percorreu a adolescência assumindo a função de chefe da casa, como eram as regras na época. Demorou muitos anos, por exemplo, para aceitar que Gisa não fosse apenas professora primária e se lançasse como autora e intérprete de sambas. Ela já tinha dois filhos (Carlos Eduardo, o Didu, e Fábio) e um ex-marido quando isso aconteceu. Um dia, incomodado ao vê-la bebendo numa roda, soltou uma de suas frases peculiares: "Tá aí boiando na banha quente, né?"

Ainda era um universo muito masculino esse em que João foi entrando aos poucos, sem abrir mão de empregos que contribuíssem para o sustento da, mais do que nunca, sua família. Afinal, embora o pai tivesse terminado a vida no bom cargo de delegado do Tribunal de Contas da União, sua mãe, por conta de uma divergência acerca do que tinha direito como viúva, levou quatro anos para começar a receber o valor correto. Até o violão do velho João foi vendido. Mais tarde, o filho conseguiu recomprá-lo, e o instrumento permanece ainda hoje em poder da família, depois de ter sido restaurado por um *luthier* de confiança do violonista Paulão 7 Cordas.

Após largar os estudos no segundo ano ginasial (equivalente ao sétimo do ensino fundamental) para pôr dinheiro em casa, o primeiro emprego foi de office-boy da Casa José Silva, tradicional loja de roupas masculinas. Aprendeu ali a ser vitrinista, aquele que arruma as vitrines de modo a atrair os consumidores. Era obrigado, de alfinetes na bocarra (João Boca Larga era seu apelido), a fazer esforços de contorcionista para deixar paletós e calças nos conformes, o que levava um ou outro desconhecedor de seu machismo empedernido a duvidar de sua heterossexualidade. Certa vez, irritado com os olhares de um homem negro e forte, arriou as próprias calças e, de frente para o curioso, espantou-o.

Grande parte dessa história, dos alfinetes das fraldas aos das vitrines, se deu no Méier, o bairro da Zona Norte carioca do qual João viria a se tornar a figura mais representativa - houve um intervalo entre 1944 e 1949, quando o pai foi transferido para Sergipe e a família viveu em Aracaju, fazendo amizades que, com a volta ao Rio, perderam parte da força. João Nogueira nasceu na rua Magalhães Couto, morou na Bueno de Paiva, na Juruviara (onde o pai morreu), na Dias da Cruz, na José Veríssimo, andou por todos os cruzamentos, bares e clubes. Entre seus amigos da época estavam Carlão, Geraldo Louro, Sílvio Jirico (ganhou na loteria, deixou o Méier e o apelido para trás, perdeu tudo, voltou para o bairro e para o apelido) e Pisca, ou Coronel Pisca, por causa de sua semelhança com o então poderoso coronel e ministro Mário Andreazza, que era usada para ameaçar empregados que quisessem fechar as portas dos bares para o grupo de João.

Região fundamental na ligação entre o subúrbio e o restante da cidade, o Méier ganhou sua estação de trem em 1889 e teve ao longo do século XX uma intensa vida comercial e também cultural, sendo chamado de "a capital do subúrbio." No aspecto cultural, o ponto alto foi a inauguração, no número 170 da Dias da Cruz, do Imperator, em 1954, o então maior cinema da América Latina, com 2.500 lugares, e cujas matinês eram frequentadas por João e pelas irmãs. Nos anos 1970, já artista conhecido, ele morou em frente ao cinema, na cobertura do prédio que ficava em cima de um supermercado da rede Casas da Banha. Na década de 1990, o Imperator virou casa de shows, com capacidade para 4.500 pessoas. Em 2012, o endereço reabre, mas rebatizado de Centro Cultural João Nogueira.

No aspecto comercial, o bairro fez história com o surgimento, em 1965, do Shopping Center do Méier, o primeiro do gênero no Brasil – e que ainda existe, embora longe do gigantismo de muitos de seus pares. Na boate Gargalo, que ficava no terraço do centro comercial, João comandou no início da década de 1970, às segundas-feiras, uma roda de samba que atraía Candeia, integrantes da Velha Guarda da Portela e muitos outros craques do ramo. Na visão do amigo Helio Delmiro, João jogou ali a semente que brotaria, quase dez anos depois, como o Clube do Samba, sua mais ousada empreitada.

Helio – ou Helinho, como era e continuou sendo chamado pelos mais próximos mesmo após se consagrar internacionalmente como violonista e guitarrista – nasceu e cresceu no mesmo bairro, na rua Barão de São Borja. Já funcionário da Caixa Econômica Federal, João trabalhava no Centro da cidade e à noite, depois de tomar banho e jantar, costumava aparecer para falar de música e cantar na casa do amigo, cujo irmão, Carlinhos, era o professor de violão mais conhecido do bairro. Foi naquela varanda que Helio ouviu pela primeira vez algumas canções que se tornariam célebres anos depois, como "Tempo à beça." E não era só ouvir: ele tinha de transformar em acordes, harmonia, o que João lhe mostrava com o auxílio de, no máximo, uma pequena caixa de fósforos.

Nada afeito a métodos e disciplinas, João nunca aprendeu a tocar violão. Sabia uma sequência de três acordes que poderia servir para qualquer composição sua. O trunfo não era a harmonia, mas a melodia e o ritmo. E estes eram inatos, talvez tendo sido jogados na sua corrente sanguínea pelos genes do velho João, ou entrado em seus ouvidos de criança graças aos saraus que o pai promovia, com Pixinguinha, Jacob do Bandolim e outros que frequentavam a sala da família.

Como tantos grandes sambistas, João contou com a ajuda do carnaval para se tornar conhecido. Do bloco Labareda do Méier, além de diretor, foi o principal compositor por muitos anos. "Tem um cara no Labareda que compõe muito bem, é uma batida diferente", falava-se pelas quadras do subúrbio. O percussionista Milton Manhães, por exemplo, ouviu isso no Cacique de Ramos, foi conferir e se tornou músico de João por mais de dez

Neuza Caminha Nogueira e João Baptista Nogueira, pais de João Nogueira, década de 1940

anos. A agremiação amarela e vermelha ensaiava no Mackenzie, o principal clube do bairro, também localizado na Dias da Cruz, e no qual havia reuniões musicais não apenas carnavalescas, mas também dedicadas ao jazz e à Bossa Nova – gêneros que Beltrão, um dos amigos bons de copo de João, analisou em discurso que ficou marcado pelo contraste entre a longa duração e a mensagem concisa: "Jazz é jazz, bossa é bossa. Jazz é jazz, bossa é bossa. Jazz é jazz, bossa é bossa..."

Algumas músicas feitas por João para o bloco foram depois gravadas, inclusive a primeira sua a chegar a um disco: "Espere oh! nega", em 1968, pelo conjunto Nosso Samba, formado pelos integrantes Carlinhos do Cavaco, Gordinho, Nô, Barbosa e Genaro. Outra, principal trampolim do compositor, foi parar em estúdio depois de uma conversa no Mackenzie.

– Você não quer gravar com a Elizeth? – perguntou o filho da cantora, Paulo César Valdez, após se apresentar ao anfitrião do ensaio do Labareda.

– Quem sou eu? – espantou-se João.

Ele pensou que "era negócio de porre" e não levou a sério a proposta. Meses depois, Paulo César cobrou uma resposta. João, então, foi levado ao encontro de Elizeth Cardoso e lhe mostrou 12 sambas.

– São todos bonitos – elogiou a Divina, pedindo que ele procurasse Hermínio Bello de Carvalho, responsável pela produção de seu disco seguinte.

Nessa segunda etapa, mostrou seis músicas. Hermínio cravou: "É a primeira." Assim, "Corrente de aço" entrou no LP *Falou e disse* (1970), e o nome de João Nogueira começou a circular além das quadras suburbanas, pois o samba tocou bastante no rádio, especialmente no principal programa dedicado ao gênero na época, conduzido por Adelzon Alves na Globo, de madrugada.

Naquele tempo, gravadoras não impunham suas "músicas de trabalho." Ainda não havia o jabá institucionalizado (o pagamento para se tocar determinadas faixas). E, além do mais, Adelzon era um amante de música popular que sempre se manteve imune a essas investidas. Escolhia para tocar o que mais lhe interessasse. Foi assim que, naquela época, transformou em sucessos "O pequeno burguês", de Martinho da Vila, e "Foi um rio que passou em minha vida", de Paulinho da Viola.

Em 1970, um acanhado João foi ao auditório da Globo, levado por Paulo César, e mostrou um disco amador do cantor Delio Marçal, no qual havia algumas composições suas. Somadas a "Corrente de aço", elas permitiram a Adelzon fazer uma profecia:

Grande encontro: João e Elizeth Cardoso, década de 1970

– Você vai ter um grande futuro na música brasileira.

– O que é isso? – espantou-se, mais uma vez, João.

No ano seguinte, o radialista foi contratado pela Odeon – gravadora criada na Alemanha, com forte presença no Brasil, e que se tornara uma subsidiária da inglesa EMI – para repaginar Clara Nunes, que de razoável cantora romântica se tornaria uma das maiores intérpretes de samba. Para o primeiro disco da nova fase, cujo título era o nome da artista, Adelzon selecionou duas de João: "Morrendo verso em verso" e "Meu lema", esta última em parceria com Gisa.

E o agora produtor ainda conseguiu autorização para fazer um pau-de-sebo, como se chamavam os álbuns coletivos voltados, principalmente, para lançar artistas novos. A voz de João, até então notória apenas no Méier, apareceria em "Mulher valente é minha mãe" (homenagem à dona Neusa), escolhida para ser logo a primeira das 12 faixas, e "O homem de um braço só" (homenagem a Natal da Portela, o todo-poderoso bicheiro de Madureira). O disco *Quem samba fica...*, de subtítulo *Adelzon Alves mete bronca e a moça do samba dá o recado...*, também tinha como cantores os então desconhecidos Roberto Ribeiro, Nadinho da Ilha, Bambaninho, Marinho da Muda, Aroldo Melodia, Edalmo da Mocidade e o mestre do partido-alto Aniceto do Império.

Na sua travessia do Méier para o Brasil, João caminhava rumo ao primeiro dos 20 discos que viria a fazer, e que o transformariam num nome singular na história da música brasileira.

ODEON

©1972

SMOFB 3749

João Nogueira

Disco de 12 sambas, o grito do subúrbio com o som da Lapa

Disco de João Nogueira redescobre os valores do subúrbio e levanta a voz da Lapa, mas com características modernas, trazendo uma contribuição muito pessoal na maneira de "dizer" samba

"ALÔ, Madureira!" Reza rezada pela rezadeira, vela que se acende na segunda-feira, sorriso de moça namoradeira, golinho de cana como abrideira, tutu com feijão, couve à mineira. O pessoal do Conjunto Nosso Samba, Frederyko, Helinho, Oberdan. E João Nogueira: depois de "Corrente de Aço", sucesso cantado por Elizeth Cardoso, e "Das 200 Para Lá", por Eliana Pittman, do compacto com "Alô Madureira", e "Mulher Valente", da apresentação no Festival de Juiz de Fora, ele grava o seu primeiro LP. São 12 sambas, dois: "Maria Sambamba" de (Casquinha) e "Sétimo Dia" de (Garça), com todas as variações de uma corrente que nasceu na Lapa com Jaime Silva, Buci Moreira, Arnô Canegal, Raul Marques e Geraldo Pereira.

UMA saudação ao subúrbio carioca, onde ele viveu, "Alo, Madureira", é um sambão que procura valorizar "as coisas simples das gentes". Nascido e criado no Méier, João se volta contra os valores que a tecnologia moderna impôs a uma cidade como o Rio de Janeiro. E é no subúrbio — onde ainda é possível encontrar um botequim como o "Pé na Poça", o ponto de encontro dos sambistas que descem dos morros — que o samba vai buscar as suas raízes.

Errado

EM JOÃO NOGUEIRA — sambista desde que ouviu uma música do próprio pai, morto quando ele tinha dez anos — essas raízes se complicam. Começa pela maneira pela qual João aprendeu a tocar o violão em acompanhamento. Sua batida — ao contrário da de João Gilberto, que adianta os tempos fortes — se baseia nos tempos fracos, invertendo a marcação da bossa-nova. Como, ao cantar, João Nogueira entra só depois de ouvir o acorde, ele seria um bossa-novista "errado". E, na tradição do pessoal da Lapa, faria um samba "quebrado", próximo do telecoteco.

"BLA-BLA-BLA", outra faixa do disco, é a história de um amor que acaba pela convivência e as dificuldades da vida. Gisa Nogueira, irmã do compositor, já lançada no LP de Clara Nunes com o samba "Opção", canta em duo com ele. Sambista também, ela tem várias músicas e algumas parcerias com o irmão. D. Vicentina, irmã de Natal, que, há anos, faz a feijoada da Portela, faz o côro de "Alô, Madureira" e, segundo João, "tem a voz da velha partideira, como Clementina, e o timbre das cantoras de jazz americanas".

CASQUINHA, da Velha Guarda da Portela, que entrou na formação de Paulinho da Viola, é homenageado nesse disco com a inclusão de seu samba "Maria Sambamba". E João interpreta "Prum Samba", de Egberto Gismonti, não por uma questão de ecletismo, que, no caso, "seria falso: é talvez a música mais velha guarda que incluímos nesse disco".

Malandro

A CONVIVÊNCIA com sambistas e o contato com o jazz e a música moderna americana fizeram de João Nogueira um homem de samba que valoriza a interpretação. Embora não procure reforçar qualquer um dos seus atributos vocais, o samba "quebrado" e a voz roufenha — que se aproxima dos elementos defendidos por Gismonti na sua música (o cavaquinho rouco, à flautinha e o violão) — estão mais próximos da escola de Wilson Batista e Geraldo Pereira, o que seria um retorno ao chamado "samba malandro".

É O TOM coloquial de "Sétimo Dia", samba do ex-guarda de presídio Garça, e de "Heróis da Liberdade", de Mano Décio e Silas de Oliveira, que morreu como zelador de uma escola em Madureira. "Beto Navalha", de João, também conta uma história: a do homem que tiranizava o morro da Matriz, intransigente e cruel, dono dos atos e das palavras de todas as pessoas; esse homem, ao ser desafiado por um dos que ele humilhava, demonstra que a sua maior arma era o medo.

EX-FUNCIONARIO da Caixa Econômica e o Natal de um pequeno bloco carnavalesco no Méier, João Nogueira escolheu o samba por ter tido a rua como escola: "Quem aprende na rua não pode dividir, não há tempo para ser duas coisas, o negócio é procurar ser bom numa só." — SER compositor é ter uma vida dura, como todo mundo. Mas essa vida, feita de alegrias e tristezas, é um pouco menos dura para quem sabe cantar. Mas ser sambista não é viver só de música: é preciso assumir o que a música diz. Uma questão de responsabilidade.

Carlos Jurandir

O GLOBO ☆ 25-9-72

JOÃO NOGUEIRA – ODEON
Layout: Joel Cocchiararo
Foto: Calbert

1 JOÃO NOGUEIRA 1972

GRAVADORA – ODEON
PRODUÇÃO – ADELZON ALVES

MÚSICAS

- 01 - MORRENDO VERSO EM VERSO
João Nogueira

- 02 - MARIA SAMBAMBA
Casquinha

- 03 - BETO NAVALHA
João Nogueira

- 04 - MÃE SOLTEIRA
Wilson Batista | Jorge de Castro

- 05 - ALÔ, MADUREIRA
João Nogueira

- 06 - 7º DIA
Garça

- 07 - HERÓIS DA LIBERDADE
Silas de Oliveira | Mano Décio da Viola | Manoel Ferreira

- 08 - MARIANA DA GENTE
João Nogueira

- 09 - PR'UM SAMBA
[Egberto Gismonti]

- 10 - MEU CAMINHO
João Nogueira

- 11 - DAS 200 PRA LÁ
João Nogueira

- 12 - BLÁ, BLÁ, BLÁ
João Nogueira

Um banquinho, um violão e samba: João Nogueira, década de 1960

João sempre gostou de carros. E sempre dirigiu mal. Ou, dito de outra forma, dirigia de maneira pouco previdente, com pelo menos uma das mãos dedicada ao fumo, e sem documentos – próprios e do veículo do momento. Nonato Buzar, um copiloto frequente, tinha o costume de pôr o pé esquerdo sobre o próprio banco de maneira a pular com mais rapidez em direção ao pedal do freio em caso de necessidade

Em parte da década de 1970 João carregava amigos e parentes num fuscão, o Trovão Azul, segundo ele, com o qual sofreu até um acidente na avenida Brasil. Antes, chegou a dirigir por cerca de três meses um Ford 1936, cuja ignição se dava após o giro de uma manivela à frente do carro, como se vê em filmes antigos. Rumo a um dos shows ainda semiprofissionais que fazia, sujou sua calça branca, filha única do figurino escolhido para aquela noite, tentando que a manivela cumprisse sua função. Mas não aceitou uma sugestão para modernizar o bólido.

– A jogada tá na manivela – dizia com a teimosia característica.

Nesse início de carreira, virada dos anos 1960 para os 1970, João tinha a companhia de poucos músicos no palco. Um fixo era Milton Manhães, que tocava pandeiro e também gostava de fazer uns malabarismos com o instrumento. Quando o número o incomodava, João mandava Pezão, apelido autoexplicativo de Manhães, parar com a festa. Outro era Carlos Althier de Souza Lemos Escobar, o Guinga, ainda distante de se transformar num dos mais originais violonistas e compositores brasileiros. Helio Delmiro, amigo em comum, apresentou um ao outro.

– Vou te roubar da Alaíde Costa. Você vai ganhar um papel numerado (*dinheiro*) – prometeu João, que conseguiu, de fato, fazer Guinga deixar de acompanhar a cantora para seguir com ele por churrascarias, boates e clubes suburbanos, nos quais o "papel numerado" era miúdo e arriscado.

Certa vez, irritado com o comportamento da plateia do clube Aliados, em Campo Grande, bairro da Zona Oeste carioca, o cantor bateu boca com quem não estava prestando atenção no show e teve de liderar seus músicos numa corrida rumo à portaria e à manutenção da integridade física, maculada pelo arremesso de objetos.

Além de não ser de brigas corporais, Guinga nunca foi de compor samba. Conta nos dedos os poucos que fez. João brincava: "Tu é valseiro, Guinga. Ainda vou fazer uma valsa com você." Essa promessa ele não cumpriu.

Na hora de gravar as músicas, Manhães e Guinga raramente tinham vez. Possuíam pouca experiência em estúdio e nenhuma em ler partituras – algo complicado no caso de um violonista, mesmo tendo ouvido privilegiado, pois um Dino 7 Cordas ou um Zé Menezes mal precisava ensaiar antes de executar um arranjo, rapidez que poupava dinheiro das companhias de discos. Na percussão, feras também velozes estavam à disposição nos estúdios, a começar pelo trio entrosado como um meio-campo que joga por música: Luna, Marçal e Eliseu.

E ainda havia maestros e orquestras a dar suporte aos artistas que integravam os elencos das gravadoras. Elas mantinham gordas folhas de pagamento porque vender música em LPs, compactos e fitas cassete era ótimo negócio. Ainda era muito raro fazer um disco chegar a 1 milhão de cópias, como se tornou menos incomum a partir do final dos anos 1970. Mas o volume de vendas compensava o investimento, já que não havia outra maneira de as pessoas adquirirem as músicas que ouviam no rádio e na televisão, senão indo às lojas – que também existiam nas ruas. Para ter esse volume, como em qualquer grande ramo industrial, era preciso trabalhar em escala, lançar muitos produtos. Na ponta do lápis, saía mais em conta pagar salários a produtores, arranjadores e orquestras do que contratá-los por hora de gravação. Afinal, gravava-se 24 horas por dia.

(Embora fundada em 1958, a Associação Brasileira dos Produtores de Discos só tem armazenados números de vendas de discos e do mercado fonográfico como um todo a partir de 1990, pois os antigos registros em

João Nogueira às vésperas de gravar seu primeiro álbum, 1971

Na roda de samba Belvedere, década de 1970

papel não foram digitalizados, o mesmo acontecendo com as gravadoras, o que impossibilita quantificações exatas.)

Respaldado pelo bom início de trabalho com Clara Nunes – que se tornou, em 1971, a primeira brasileira a ultrapassar as 100 mil cópias, vendas puxadas pelo sucesso de "Ê baiana" –, Adelzon Alves convenceu a Odeon a realizar o primeiro LP de João num dos estúdios da companhia, na avenida Rio Branco, 277, no Centro do Rio. Pelas razões explicadas anteriormente, o fato de ser um iniciante não o privava de contar com arranjos do maestro Lindolfo Gaya, então diretor musical da Odeon, e com o acompanhamento de gente como Dino 7 Cordas, o flautista Altamiro Carrilho e Dom Salvador, um pianista paulista que já tocara com Elis Regina, Jorge Ben, Elza Soares, formara os importantes grupos Rio 65 Trio e Abolição, e se preparava para trocar de vez o Brasil pelos Estados Unidos, onde se destacaria no cenário do jazz.

Para *João Nogueira* ou *Grito do subúrbio*, nome pelo qual também ficou conhecido em função da expressão aparecer na contracapa, reproduzindo o título de um texto do jornal *O Globo* ("Disco de 12 sambas, o grito do subúrbio com o som da Lapa"), Adelzon montou um repertório cujo formato não sofreria fortes alterações na carreira do artista: músicas próprias em sua maioria e o restante das faixas dividido entre composições de autores contemporâneos e de mestres do samba. Uma diferença importante é que as músicas próprias eram só do João, melodia e letra, pois era assim que ele fazia até então. E quem passou a associá-lo depois ao balanço do samba sincopado ouviu, nesse primeiro disco, predominantemente sambas dolentes, mesmo tristes, em tom menor. "Ele gostava de uma *blue note*", diz Guinga, referindo-se à nota que foge de determinado padrão harmônico e imprime melancolia a uma melodia. "A alma do João era em tom menor", resume o compositor e amigo Paulo César Feital.

Essa marca foi apresentada logo na faixa de abertura, "Morrendo verso em verso", que parte do público já ouvira na voz de Clara. A tristeza explicitada no título era sublinhada pelas cordas escritas por Gaya. A cereja do bolo amargo era uma descida da voz de baixo profundo de João a seu ponto mais grave para dizer "verso" na parte final da interpretação.

Na segunda já aparecia o cantor dos sambas sincopados, aqui mostrando uma criação de seu confrade portelense Otto Henrique Trepte, o Casquinha. Os vocalises, que se tornariam célebres nos dois discos seguintes, surgiam com brilho.

Propositalmente ou não, "Beto Navalha" e "Mãe solteira" formavam um par. Na primeira, João contava a história de um "sujeito malvado", tirano da favela da Matriz, que morre por não saber que "não se vive direito com ódio no peito e armas na mão". O cantor conheceu no Méier um tipo semelhante, Zé das Mil. Enfim, um malandro valente como tantos dos sambas de Wilson Batista, só que este costumava exaltá-los. Na segunda, "Mãe solteira", a letra de Wilson é uma crônica pungente sobre uma porta-bandeira que ateou fogo às vestes após engravidar de um homem que não a quis. Já no seu primeiro disco, João homenageava um de seus ídolos.

No tal texto de *O Globo*, publicado em 25 de setembro de 1972 e presente na contracapa, o jornalista Carlos Jurandir ressaltava um retorno, promovido por João, do "samba malandro" de Wilson e Geraldo Pereira. Na reportagem, o novato afirmava: "Quem aprende na rua não pode dividir, não há tempo para ser duas coisas, o negócio é ser bom numa só." A coisa escolhida por João foi o samba, mas nesse campo ele mostrava excelência na composição e, também, no canto.

Em "Alô, Madureira", que já saíra num compacto com "Mulher valente é minha mãe" do outro lado, é o autor de partido-alto que se destaca. Tia Vicentina, pastora da Portela e estrela de Madureira (irmã do bicheiro Natal), fez a saudação – título na abertura da faixa. Em "7º dia", canção de fossa do ex-guarda de presídio Garça, é o intérprete de temas noturnos quem perguntava: "Como pode o corpo viver se o coração já teve fim?"

Ouvida tempos depois, a versão de "Heróis da liberdade" parece homenagem a outro mestre, Silas de Oliveira. E era, pois o maior criador de sambas-enredo morrera em maio daquele ano. Mas ressalte-se a escolha de um samba que fora para a avenida apenas três anos antes e ainda não tivera tempo para se firmar como o clássico que se tornou. João cantou em andamento lento, inimaginável no carnaval do século XXI, e acompanhado apenas de percussão (Sidney da Conceição, Lula e Juquinha estão entre os participantes do disco citados na capa).

"Mariana da Gente" é, melodicamente, da linha de "Morrendo verso em verso": tom menor, notas longas, ênfase nos graves. O acompanhamento de grupo regional, no qual se destacavam o violão de Dino e a flauta de Altamiro, ganhou o acréscimo do órgão de Dom Salvador. A letra é da família de "Beto Navalha", a das crônicas sociais. No caso, sobre uma jovem suburbana que, atraída por "um moço da cidade", troca Piedade por Copacabana, a vida pacata pelas perdições. No ano seguinte, Beth Carvalho também gravaria a canção.

"Pr'um samba" surpreendia pelo autor, Egberto Gismonti, um grande músico que tinha pouca ligação com o gênero. Mas a composição não era nada heterodoxa, era tradicional, lenta, falando do próprio samba e de desamor. "Meu caminho" seguia pela mesma estrada, com belos versos de João ("Eu não sabia que ser poeta é ser um sócio da dor"; "Bebo em cada trago gotas de loucura") e, pela segunda e última vez no disco, cordas.

A inclusão de "Das 200 pra lá" servia para mostrar quem era o autor deste sucesso, pois a gravação de Eliana Pittman, naquele mesmo ano, dera à música grande repercussão. Em primeiro lugar, por causa da sua qualidade, com estrutura de partido-alto e letra engenhosa. Em segundo lugar, pelo tema. João era mecanógrafo (atualizava saques e depósitos nas cadernetas dos clientes em tempos pré-digitais) da Caixa Econômica e costumava ver navios da Marinha parados na baía de Guanabara. À sua paisagem cotidiana somou-se, como inspiração, o decreto-lei de 1970 que aumentava a extensão do território marítimo brasileiro para 200 milhas, um desdobramento do episódio conhecido como "Guerra da Lagosta", que opôs França e Brasil na década de 1960 – navios franceses queriam pescar lagostas em grande escala perto da costa de Pernambuco, houve idas e vindas nas autorizações, incluídas apreensões de barcos e tensões diplomáticas. João sofreu patrulha de uma parte da esquerda que o via defendendo uma decisão do regime militar, mas ele estava, na verdade, do lado dos pescadores brasileiros. A música foi citada numa reportagem da revista americana *Time* em que um diplomata francês dizia não haver mais o que fazer depois de o decreto ter caído na boca do povo em forma de samba.

O disco terminava também para cima, com Gisa e o irmão dividindo a interpretação de "Blá, blá, blá", que transmitia o ensinamento que é lei no mundo do samba: "Quem não pode com mandinga não carrega patuá."

Se não fez grande sucesso, *João Nogueira* serviu para mostrar que aquele não era um sambista comum. "É mais um João que veio diferente no cantar samba e fazer verso. É mais uma reza forte nas quebradas, meu compadre", saudou Adelzon no texto da capa.

O próprio Adelzon lembra que, na primeira vez em que foi escalado para gravar com João, Dom Salvador penou para acompanhar aquele intérprete de divisão peculiar, que avançava no compasso seguinte para depois retornar ao ponto onde os músicos estavam. Teria sido Gaya, de passagem pelo estúdio, quem escrevera notas numa pauta e orientara o pianista: "Toca isso aqui. Se você for tentar segui-lo, não vai alcançar nunca".

Também houve quem ouvisse, em outro momento, Dom Salvador explicar a instrumentistas neófitos em João que não havia nada de errado naquela forma de cantar. Só era diferente, muito diferente. Como o próprio gostava de dizer, foi um estilo aprendido na rua, andando e ouvindo. Sem ser do morro ou das universidades, João assim se classificava: "Sou sambista da calçada."

O cantor em dois momentos durante show na Boate Sarro, 1971

E LÁ VOU EU – ODEON
Layout e fotos – Flávio D'Alincourt

2 E LÁ VOU EU 1974

GRAVADORA – ODEON
PRODUÇÃO – ADELZON ALVES

MÚSICAS

- 01 - E LÁ VOU EU (MENSAGEIRO)
João Nogueira | Paulo César Pinheiro

- 02 - BATENDO A PORTA
João Nogueira | Paulo César Pinheiro

- 03 - SONHO DE BAMBA
João Nogueira

- 04 - MEU CANTO SEM PAZ
João Nogueira | Gisa Nogueira

- 05 - DE ROSAS E COISAS AMIGAS
Ivor Lancellotti

- 06 - EU HEIN, ROSA!
João Nogueira | Paulo César Pinheiro

- 07 - DO JEITO QUE O REI MANDOU
João Nogueira | Zé Katimba

- 08 - PARTIDO RICO
João Nogueira | Paulo César Pinheiro

- 09 - TEMPO À BEÇA
João Nogueira

- 10 - BRAÇO DE BONECA
João Nogueira | Paulo César Pinheiro

- 11 - GAGO APAIXONADO
Noel Rosa

- 12 - EU SEI, PORTELA
João Nogueira | Gisa Nogueira

Retrato de
João, 1974

Gisa, irmã de João, era professora primária, assim como sua amiga Vera de Aquino, irmã de Baden Powell, por sua vez parceiro de Paulo César Pinheiro. Aproximados em 1970 por essa ciranda, Gisa avisou Paulinho, como todos o chamavam:

– Você vai gostar de conhecer o meu irmão. É bom compositor e te adora.

Recado dado, faltava o encontro de apresentação. Ele ocorreu num sábado, dia de feijoada e música no Mackenzie. Ao chegar, Paulinho deparou com um ansioso João a mostrar uma mesa reservada e uma garrafa de uísque já posicionada. A primeira conversa foi breve, pois o anfitrião precisava receber outras pessoas e cantar. Bastou ouvir alguns sambas para Paulinho constatar que Gisa tinha razão.

"Depois, conversamos fiado, tomamos um porre e ficamos amigos", resume o letrista Paulo César Pinheiro, lembrando que a empatia imediata resultou, dali para a frente, em outros porres, como os que se seguiam à Noitada de Samba do Teatro Opinião, em Copacabana, toda segunda-feira a partir de 1971. Num desses, disputaram quem bebia mais e João quedou-se no chão após o enésimo copo, sendo mesmo assim ironizado por um torto Paulinho: "Ieu fffalei qui num schabia beberrr..."

Mas a parceria não foi imediata. Levou dois anos para começar. O letrista compunha com Baden, Dori Caymmi e outros. João compunha consigo mesmo e, às vezes, com Gisa. Até que um dia, já em 1972, ele chegou à casa do amigo, em São Cristóvão, dizendo que estava tentando fazer um samba sobre o pai, mas tinha travado.

– Bloqueou, não consigo, eu choro – disse João, e cantou uns versos.

– O samba é lindo. Mas se você está fazendo pro seu pai e não consegue, vai empurrar pra mim? – argumentou Paulinho.

Não adiantou. João, que mais tarde diria ver no parceiro o espírito do pai, achava que ele saberia como dar continuidade. E foi assim, com Paulinho resolvendo os refrões e uma terceira parte, e João fazendo a primeira, a segunda e três versos de bônus ("Pois me beijaram a boca e me tornei poeta/ Mas tão habituado com o adverso/ Eu temo se um dia me machuca o verso"), que nasceu a primeira composição da dupla. Dado por Newton Feital, pai de Paulo César Feital e grande amigo deles, o título foi extraído do versinho final, de Paulinho: "Espelho."

Essa história seria belamente concluída com o relato de que a música logo fez sucesso e iniciou sua travessia rumo à condição de clássico. Mas não é verdade. Essa parte só viria a acontecer cinco anos depois. O samba foi lançado em 1973 num compacto que, como se dizia, não aconteceu. A versão era bonita, com cuíca na introdução, sopros e um coro masculino, mas não pegou. Menos ainda pegou o outro lado do compacto, "Valsa feliz", que João jamais incluiria num LP ou CD.

Mas olhar seu segundo disco, *E lá vou eu*, novamente com produção de Adelzon Alves, é suficiente para perceber que a parceria, autora de cinco das 12 faixas, não demorou muito a dar certo. A começar, ou melhor, a terminar pela faixa-título, uma das duas últimas do repertório a serem compostas. É um samba lento, autorreferente ("Hoje o samba é decente"; "E lá vai minha voz/ Espalhando então/ O meu samba guerreiro/ Fiel mensageiro da população"), que teve seu bom público na época, mas foi ainda mais exaltado posteriormente.

Outra que entrou quando as gravações já aconteciam no estúdio da Odeon e se tornou bastante conhecida tempos depois foi "Eu hein, Rosa!." João queria fazer com Paulinho um samba como os que o letrista compunha com Baden para Elis Regina gravar, na linha de "Vou deitar e rolar" e "Falei e disse." Ou seja, "samba de esculachar mulher que larga o homem", nos dizeres de João. Ele falava isso, mas não apresentava ideias. Num dia, chegou com a lembrança dessa antiga expressão popular, "Eu hein, Rosa!." Sem ir além, teve de ouvir Paulinho provocá-lo: tinha perdido a inspiração. Bastou para que ele, na hora, fizesse a melodia inteira. "Foi o samba mais

João Nogueira e seu afilhado Marquinho, década de 1980

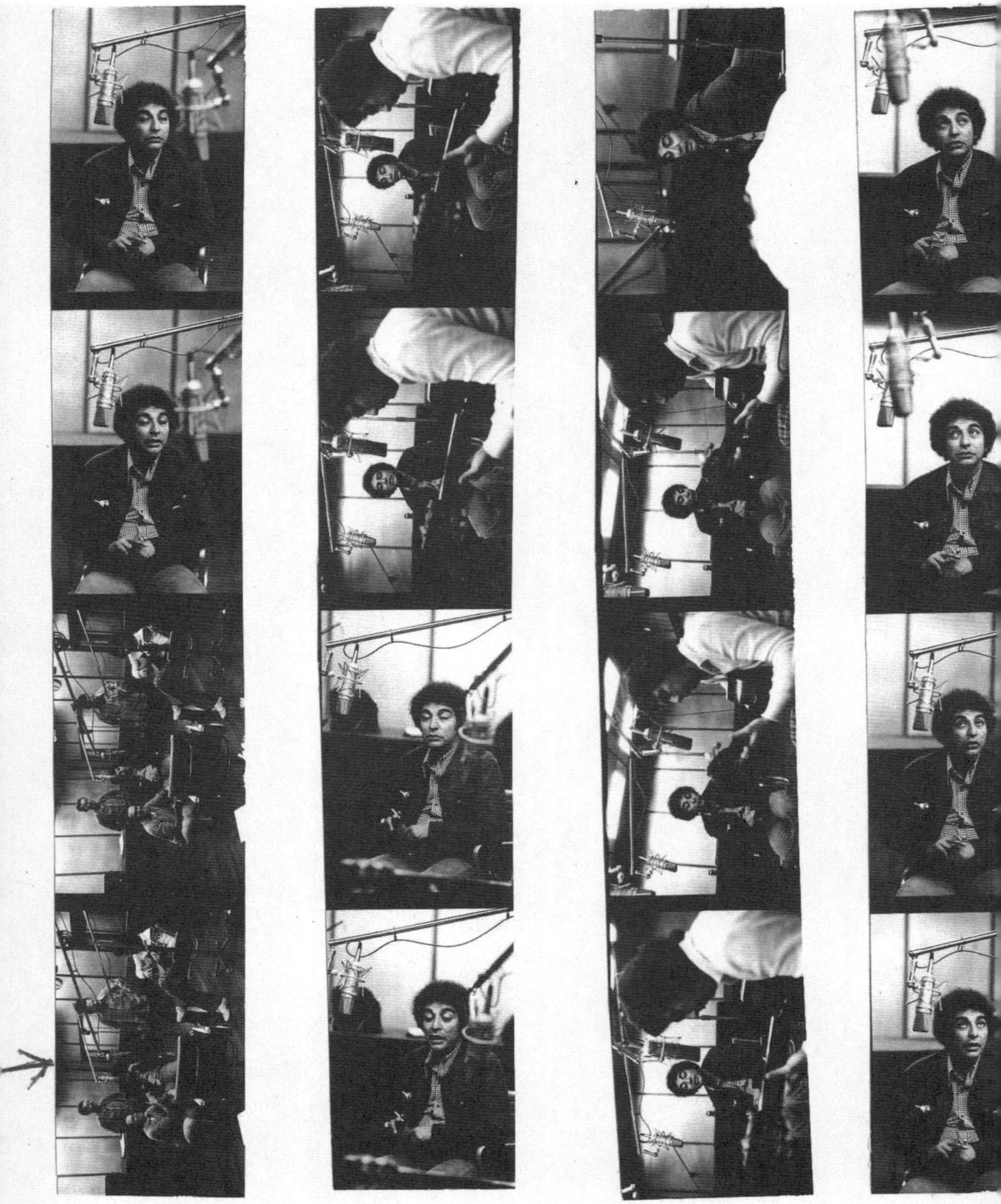

Registro da gravação de especial para a Rádio JB, 1974

rápido que já vi alguém fazer", escreveu o parceiro no livro *Histórias das minhas canções*. Com versos como "Eu não me abalo/ Você vai cair do cavalo/ Quando precisar de mim", a música fez sucesso só em 1979, numa gravação dela, Elis.

Embora feita antes, "Batendo a porta" tem o mesmo espírito (de porco), ironizando a mulher que larga o homem em busca de uma vida melhor e tenta voltar: "Te deu saudade de um amor/ Que infelizmente já não há." Esta primeira criação de João e Paulinho após "Espelho" foi o grande sucesso do LP, firmando o cantor e compositor como um mestre do samba sincopado. O violonista Cláudio Jorge recorda o espanto de um taxista ouvindo a música naquela época: "Parece que o cantor vai atravessar tudo, mas não atravessa." E é impossível falar dessa música sem ressaltar outro encontro fundamental.

Geraldo Vespar, cearense de Quixadá, violonista autodidata, chegou ao Rio em 1958. Foi tocar na noite e na gravadora Copacabana, onde começou a escrever arranjos. Em 1963, passou a trabalhar na Odeon e, aos poucos, tornou-se um maestro muito respeitado no mundo do samba. O respeito não vinha sem uma dose de sarcasmo: ganhou o apelido Maestro Telefunken, porque o slogan da marca de eletrodomésticos era "mania de perfeição." João não tinha paciência para acompanhar o passo a passo de tanto perfeccionismo, mas admirava Geraldinho (o apelido não sarcástico) e lhe dava liberdade para criar.

O que a Odeon deu ao arranjador foi uma missão: criar a marca musical do artista, uma sonoridade que fizesse o ouvinte logo pensar: "É o João Nogueira." E "Batendo a porta" é um perfeito exemplo. A introdução inventada por Geraldinho, de tão marcante, foi incorporada à melodia. A gravação começava com uma batida que aludia à da porta – o arranjador sempre gostou de traduzir as letras em sons – e continuava com um diálogo entre bateria de Wilson das Neves e o cavaquinho de Carlinhos, que usava afinação de bandolim. No meio e no final da faixa, João punha, sobre essa estrutura, vocalises também marcantes. Ficou claro que o cantor tinha ganhado seu arranjador ideal.

Paulinho até participou de uma das parcerias gravadas, "Partido rico", um partido-alto ambientado na Zona Sul do Rio, na Lagoa, e no qual pela primeira vez João citava numa música Chico Buarque, que se tornaria seu grande amigo.

Uma composição mais importante da dupla foi "Braço de boneca", relato de tintas autobiográficas em que João lembrava o "despertar ao som de um violão", o do pai. O braço de boneca era um símbolo da infância e, na voz do narrador saudoso dos tempos de criança, "representante do meu fim." A gravação dessa "valsa-choro" (expressão sofisticada e realista que ele usou ao mostrar o início da música a Paulinho) marcou outro encontro importante: com o bandolinista Joel Nascimento, que passaria a integrar a banda e a vida de João a partir de então. Foi o irmão Joir Nascimento quem os apresentou. Ao ouvir o bandolinista fazendo floreios em cima da melodia de "Braço de boneca", o cantor decidiu que o queria na faixa. No dia da gravação, deixou um recado com a vizinha do músico, na Penha, avisando que era para ele aparecer na Odeon. Seus solos levaram Adelzon a escrever na contracapa do LP que "a lacuna deixada por Jacob do Bandolim pode ser brevemente preenchida."

Joel também participou de "De rosas e coisas amigas", início de mais uma duradoura amizade de João. Ivor Lancellotti era um compositor sem afinidade com o samba, mas ao ouvir "Mulher valente é minha mãe" e outras daquela primeira fase disse para si mesmo:

– Quero fazer samba assim.

E não só fez como, certa manhã, tomou coragem para caçar João na Odeon. Era quase meio-dia e ele estava num bar próximo, na avenida Rio Branco.

– Fala, meu compadre – saudou João, aceitando, para surpresa de Ivor, subir à gravadora para escutar a fita, mesmo ressaltando que o repertório do disco já estava praticamente fechado.

Ouviu uma vez. Pediu para ouvir de novo. E falou para alguém no estúdio:

– Geraldinho tá aí? Vou gravar esse samba. É a minha cara.

Ivor ainda ganhou a chance de fazer o contracanto na faixa e um apelido pelo qual o amigo sempre o chamaria: Lancella.

O disco também serviu para consagrar a paixão de João pela Portela. Ele cantou "Eu sei, Portela", parceria com Gisa, e "Sonho de bamba", que já lançara em compacto em 1972. Foi nesse ano que entrou para a ala dos compositores da azul e branco de Madureira, e sem passar pelo chamado "estágio" – um período em que o novato frequentava a escola e aprendia com os mais velhos. Seu "pistolão" foi o bicheiro Natal, mas o motivo foi bonito.

Em 1971, antes de gravar "O homem de um braço só" no LP coletivo *Quem samba fica...*, ele teve a oportunidade de mostrar ao homenageado sua música. Levado por Adelzon a um churrasco em Jacarepaguá onde

Natal estava, foi conduzido pelo produtor a um lugar onde poderia cantar sem que ninguém mais ouvisse. Receoso por causa de algumas passagens da letra "narrada" por Natal ("Já dei tapa em vagabundo", por exemplo), entoou baixinho, à capela, até ver duas lágrimas descerem do rosto do temido contraventor.

– Obrigado, meu filho – limitou-se a dizer Natal, que, pouco tempo depois, ordenou que convidassem João para ser compositor da sua "Portela querida", como diz um verso.

"Sonho de bamba" é um comovente agradecimento por esse convite: "Hoje estou cheio de alegria/ E sou até capaz de me embriagar/ Uns amigos bambas nesse dia/ Me convidaram a participar/ De uma escola de samba que é todo o meu dengo/ De um terreiro de bambas que é todo meu mal/ Vou me mudar da tristeza/ E morar na beleza do seu carnaval."

Da parceria com Gisa, João também registrou "Meu canto sem paz", mais uma canção sofrida ("Eu não sou Deus pra ter de perdoar") e em tom menor. A afinidade de tom facilitou a aproximação com o paraibano José Ignácio dos Santos Filho, o Zé Katimba (naquela época, ainda Catimba), célebre pelas vitórias na Imperatriz Leopoldinense e pelas músicas feitas com Martinho da Vila. Há várias parcerias dele com João que ficaram inéditas. Gravada, por enquanto, só a deste disco.

– Katimba, tô com uma música que me lembra você – telefonou João.

O amigo se mandou para o Méier, para a cobertura defronte ao Imperator. João ficou tomando cerveja e Katimba, caldo de cana. Na mesma noite concluíram "Do jeito que o rei mandou", uma peça de cenário carnavalesco que se tornaria a favorita de muita gente, como Zeca Pagodinho e Marcelo D2. O arranjo de Geraldinho contribuiu especialmente para a beleza do samba, com reprodução dos instrumentos citados na letra (surdo, agogô, tamborim), trompa, coros masculino e feminino, uma construção nada previsível.

"Tempo à beça", que João já cantava há algum tempo, entrou no LP envolto em sax, cordas e órgão, em clima de fossa explícita, especialmente no lamento final: "Volta, vida/ Que ainda é teu meu coração/ Lágrimas sentidas/ Marcam o meu violão/ Vem, vem, querida/ Vamos viver em comum/ Mas, se for pra ser fingida/ Podes ir com qualquer um."

E se o ídolo Wilson Batista estivera no primeiro LP, agora era a vez do ídolo Noel Rosa. "Gago apaixonado", com suas sílabas repetidas, coube perfeitamente no estilo sincopado de João, que aparecia na capa do disco, de costas, andando nas calçadas da avenida 28 de Setembro, em Vila Isabel, cujas pedras portuguesas reproduzem composições de Noel. A devoção seria reforçada no trabalho seguinte, com outra versão para um samba do Poeta da Vila. E João conseguiria dar mais um passo largo em sua carreira.

João concentrado em 1974

VEM QUE TEM – EMI-ODEON
Ilustração da capa: Redi

3 VEM QUEM TEM 1975

GRAVADORA – EMI-ODEON
PRODUÇÃO – HELIO DELMIRO

MÚSICAS

- 01 - NÓ NA MADEIRA
João Nogueira | Eugenio Monteiro

- 02 - MINEIRA
João Nogueira | Paulo César Pinheiro

- 03 - NÃO TEM TRADUÇÃO
Noel Rosa | Francisco Alves

- 04 - AMOR DE MALANDRO
Monarco | Alcides Dias Lopes

- 05 - CONVÊNIO COM CUPIDO
João Nogueira

- 06 - O HOMEM DE UM BRAÇO SÓ
João Nogueira

- 07 - SAMBA DA BANDOLA
João Nogueira | Cláudio Jorge

- 08 - VEM QUEM TEM, VEM QUEM NÃO TEM
João Nogueira

- 09 - CHORANDO PELOS DEDOS
João Nogueira | Cláudio Jorge

- 10 - PRA FUGIR NUNCA MAIS
João Nogueira | Cláudio Jorge

- 11 - SEU CAMINHO SE ABRE
Ivor Lancellotti

- 12 - ALBATROZES
João Nogueira

O sambista com retratos de ídolos ao fundo, década de 1970

O pernambucano Eugenio Monteiro era o melhor amigo de João na Caixa Econômica Federal. Trabalhavam próximos, Eugenio num cargo superior. Quando soube que o colega era dado a escrever versos, João vislumbrou a parceria:

– Deixa eu botar música numa letra sua.

Muitas composições a quatro mãos foram feitas, mas só uma gravada. Começava assim: “Amigo Nogueira...” O destinatário encrencou: como ia cantar um samba endereçado a ele mesmo? Eugenio mudou para “Eu sou é madeira.” Mas aí a encrenca era com o suposto cabotinismo, que continuava: “Em roda de samba sou considerado” etc. O amigo letrista resolveu dar uma dura:

– Você tem que assumir que é bom, botar seu bloco na rua.

Essa conversa foi antes de João se tornar conhecido, daí, possivelmente, a modéstia. Quem primeiro registrou o samba foi a cantora Cláudia Regina, mas nada aconteceu. Na hora de escolher o repertório de seu terceiro LP, lançou mão da música, que virou logo faixa de abertura. A agora EMI-Odeon resistiu um pouco. Afinal, não era uma canção inédita, embora quase. A escolha se mostrou acertada: “Nó na madeira” foi uma das campeãs de execução no rádio em 1975.

Quanto à letra, Eugenio tinha seus motivos para querer encher a bola do amigo. Na época em que a música foi gerada – sendo concluída numa mesa do restaurante La Fiorentina, no Leme –, João estava bem chateado por duas razões: tomara um chega pra lá de uma namorada metida a cantora que não gostava de seus sambas ("É a paga da praga que eu vou te rogar", vingou-se a letra) e ficara praticamente alijado do sucesso carnavalesco "Chinelo novo", embora fosse seu único autor ("De chinelo novo, brinquei carnaval"). A parceria fora dada a Niltinho Tristeza por causa de seu nome forte nesse campo, e realmente o samba ficou em segundo lugar num festival de músicas de carnaval. Mas, na opinião de Eugenio e outros – João preferia desconversar –, Niltinho não dava o devido crédito ao verdadeiro compositor, que acabou nunca gravando a música, muito querida pela turma do Cacique de Ramos e do Fundo de Quintal.

Novamente, a introdução marcante foi incorporada à melodia com o tempo, mas desta vez João já levou a ideia a Geraldinho Vespar. O que o cantor mostrou na voz o arranjador pôs, por exemplo, no sintetizador de Hugo Bellard, no próprio piano e nos assovios seus, de João e de Helio Delmiro. Um resultado leve e inesquecível.

Em *Vem quem tem*, Helio não cuidava apenas de assoviar e tocar violão aqui e ali. Era o produtor. Quando, em 1974, Clara Nunes deixou de namorar Adelzon Alves e passou a namorar Paulo César Pinheiro, não houve mais condições de o radialista produzir seus discos nem os de João, parceiro de Paulinho. Amigo de Adelzon, Helio conversou com ele e entendeu que não haveria problema ético em substituí-lo. Com Clara, realizou, em 1975, *Claridade*, um estouro puxado por "O mar serenou", de Candeia, nova etapa na escalada de hits da cantora – "Tristeza pé no chão", de 1973, "Conto de areia" e "Alvorecer", ambos de 1974, foram os anteriores. Com seu vizinho do Méier, criou um disco de alta qualidade e boa popularidade, retribuindo, de certa forma, o que João fizera anos antes por ele, levando-o a rodas de samba e estúdios.

"João me trouxe visibilidade. Eu tinha um certo acanhamento, dificuldade para me enturmar, era ratinho do subúrbio. Ele era mais solto", lembra Helio, convicto de que *Vem quem tem* é o melhor disco da carreira do amigo.

No panorama fonográfico da época, a Odeon era a líder no segmento samba. Tinha Roberto Ribeiro em alta – também em 1975 "Estrela de Madureira" fez grande sucesso –, Luiz Ayrão, Paulinho da Viola e outros, com Clara puxando o cordão. Mas a líder do mercado era a Phonogram (antes Philips, depois PolyGram, hoje Universal), conduzida pelo franco-sírio André Midani, que já fizera história na Odeon, lançando os três primeiros e fundamentais discos de João Gilberto. Midani assumiu, em 1967, uma quase falida filial da companhia holandesa, levando-a em seis anos à liderança, com 21% do mercado. Para isso, montou o mais forte elenco que uma gravadora já teve no país. Alguns nomes: Chico Buarque, Caetano Veloso, Gilberto Gil, Maria Bethânia, Gal Costa, Elis Regina, Jorge Ben, Toquinho, Vinicius de Moraes, Raul Seixas, além de cantores de apelo popular, como Odair José. Só faltava Roberto Carlos, como disse a própria Phonogram num anúncio publicado à época, mas o Rei se manteve fiel à CBS, hoje Sony.

A Odeon também tinha nomes de peso, como Milton Nascimento, Dorival Caymmi e a novata Simone. E contava com uma estrutura que funcionava bem, com três grupos: o popular (Altemar Dutra, Anísio Silva, Orlando Dias etc.), comandado por Miguel Plopschi, músico dos Fevers; o mais sofisticado, a cargo de Mariozinho Rocha, que se tornaria depois diretor musical da TV Globo; e o de samba – com exceção de Paulinho da Viola, que ficava com Mariozinho – e parte da MPB, tocado por Renato Corrêa, dos Golden Boys. João ficava neste e, segundo Geraldinho Vespar, nunca houve qualquer interferência nas escolhas de repertório ou arranjos dos discos.

"João veio pronto. E ele atingia uma venda considerável, os discos se pagavam", diz Renato.

Acima dos três responsáveis pelos elencos estava o diretor artístico, Milton Miranda, sempre reputado como um homem calmo e que, se visse potencial no contratado, não o queimava em função de um primeiro resultado tímido, exatamente o que aconteceu com João. A Odeon ainda era famosa por seu bom ambiente, tendo uma sala dos artistas, na qual eles conviviam, tomavam uísque e descansavam.

Havia um aspecto favorável a todos os envolvidos com a música brasileira, chamado "Disco é cultura." Esta frase, que vinha escrita nos LPs, batizava um programa que permitia às gravadoras investir o ICMS (Imposto sobre Circulação de Mercadorias e Serviços) devido pelos discos internacionais em produtos de artistas nacionais. Criado em 1967 e extinto na década de 1980, o programa fez a música nacional abocanhar 75% das vendas.

Nesse contexto favorável, João gravou *Vem quem tem* e se casou. Ele conhecera Ângela Maria Mendonça no ano anterior, numa feijoada no clube da Light, no Grajaú, bairro da Zona Norte do Rio. Ela, 11 anos mais nova, era secretária de um curso de inglês e amiga de Clara Nunes, de quem se aproximara após sua tia, Thereza Cristina, tornar-se íntima da cantora. Apesar dessa ligação e de frequentar a Portela, mal sabia quem era João. Adorava ouvir "Corrente de aço" na voz de Elizeth Cardoso, sem saber que era ele o autor. João a conquistou mais por seus méritos de sedutor do que de sambista.

João e Ângela Nogueira: encontro nos anos de 1970 e uma vida inteira juntos

– Em cinco minutos de conversa me acham bonito – dizia.

Casaram-se na capela Santo Cristo dos Milagres, no Alto da Boa Vista, com Helio Delmiro e Joel Nascimento tocando na cerimônia. E foram morar juntos no apartamento dele, a cobertura em cima das Casas da Banha e defronte ao Imperator. Tiveram três filhos: a atriz Tatiana, a advogada Clarisse e o cantor Diogo. Antes, João tivera Valéria, fruto de um envolvimento passageiro, a quem reconheceria oficialmente como filha anos depois (ela é servidora do IBGE).

Em 1975, era comum ver os dois casais juntos: Clara e Paulo César, João e Ângela. Para celebrar a união do casal de amigos, João propôs a Paulinho que fizessem uma música em homenagem a Clara. Ele já veio com a primeira parte, que fazia referência a Ary Barroso, nascido em Ubá – a cantora era de Caetanópolis, também em Minas Gerais: "Clara/ Abre o pano do passado/ Tira a preta do cerrado/ Põe rei congo no congá/ Anda, canta o samba verdadeiro/ Faz o que mandou o mineiro/ Oh, mineira!" Paulinho emendou com o verso "Samba que samba no bole que bole", acelerando o ritmo e iniciando com "Mineira" uma trilogia dedicada a Clara: "Guerreira", em 1978, foi feita para ela cantar em primeira pessoa, e "Um ser de luz", de 1983, foi o pranto após sua morte.

João também compôs uma para celebrar o próprio casamento. A frase "Quando no salão você entrou, meu coração mergulhou no amor" começa a letra de "Pra fugir nunca mais", canção que tem outros belos momentos, como "Sinto que o sol vai surgindo na luz dos olhos teus, amor." No arranjo assinado por Geraldinho, um assovio apaixonado conduz a canção, cuja melodia foi criada por Cláudio Jorge.

O violonista estava muito próximo de João. Ele entrara anos antes para a Bandola, como o cantor chamava o grupo que o acompanhava nos shows. Entrara tocando contrabaixo, pois seu amigo Guinga, que o indicara, estava no violão. Com a saída de Guinga, ele trocou de instrumento e o baixo foi para as mãos de Milton Botelho. Em homenagem a essa trupe, João e Cláudio criaram o "Samba da bandola", gravado em *Vem quem tem*. "Eu sou carioca lá do subúrbio/ Do tal distúrbio Noel falou", brincava a letra.

No arranjo, não podia faltar o bandolim de Joel Nascimento, que fazia parte da Bandola e cujo instrumento tinha uma afinidade etimológica com o grupo. Mas o encantamento de João por Joel ia muito além disso. Com apoio de Cláudio, ele resolveu fazer uma canção dedicada ao músico de história peculiar: pianista talentoso, de formação clássica, pensara em largar a música após perder parte da audição, tornando-se técnico em radiologia (e tendo, contra a própria vontade, sido designado a trabalhar com cadáveres no Instituto Médico Legal); no entanto, em poucos anos de exercício no bandolim dado pelo irmão já era apontado como o sucessor de Jacob do Bandolim. "O impacto de Joel na época foi o mesmo que Hamilton de Holanda provocou anos depois", diz Cláudio, citando aquele que se tornou o bandolinista brasileiro mais conhecido a partir da década de 1990.

– Essa música é pra você – disse João ao mostrar "Chorando pelos dedos" a Joel, que se emocionou, é claro.

"Eu andava muito para baixo, João sabia disso", lembra ele. "A nossa amizade se resume nessa música."

Joel criou o *tremolo* da abertura e solou ao longo da faixa. O tema tornou-se sua marca registrada e batizou seu primeiro disco solo, de 1976, com produção de João, que convenceu a Odeon a realizar o projeto. Ele também produziu o segundo, *Pássaro*, de 1978, mas o terceiro, *Meu sonho*, de 1979, ficou a cargo de Geraldinho, pois o cantor estava trocando de gravadora. O bandolinista se tornou tão requisitado e importante – adaptou, por exemplo, a suíte "Retratos", de Radamés Gnattali, para seu instrumento, e liderou a histórica Camerata Carioca – que João não tinha mais coragem de chamá-lo para fazer participações especiais na Bandola. "Ele ficava acanhado, porque a grana era pouca, mas eu dizia que tinha que chamar. Foi ele quem me lançou", conta Joel.

Outro amigo recente participou do disco de 1975, após o bom resultado do ano anterior. Ivor Lancellotti não conseguiu com "Seu caminho se abre" a mesma recepção que teve com "De rosas e coisas amigas", mas conseguiu, pela primeira vez, ser chamado pela Censura para dar explicações. Afinal, que história era aquela de falar de "armas", "torturas" e "resistir é o que vale"? De absoluta boa-fé, sem cinismo, Lancella explicou que jamais cogitara alusões políticas, que a música era existencial.

– O brasileiro não pode sair de casa com pensamentos como esses – explicou-lhe o censor, preocupado com a alma da nação.

O jeitinho da Odeon foi trocar o título original da música, "Se você conseguir", e a encaminhar para ser reavaliada junto com um lote de forrós, gênero que os censores, já assoberbados, não davam tanta importância. Assim, João pôde registrá-la, com direito a orquestra de cordas ao fundo.

O cantor ainda gravou um samba de outro amigo, este com um pouco mais de bagagem, da Velha Guarda da Portela. Dos mestres portelenses,

João em apresentação de TV, década de 1970

Entre amigos: com Roberto Ribeiro e Tia Vicentina no Clube do Samba, 1983

Hildemar Diniz, o Monarco, era dos mais jovens e mais próximos a João, que gostava de chamá-lo assim: "o compadre que Deus me deu". "Amor de malandro", parceria com Alcides Dias Lopes (mais conhecido como Alcides Malandro Histórico), era um samba bem rodado de que João gostava muito. E Geraldinho fez uma mistura engenhosa de cordas com percussões para o disco.

Admiração ainda mais antiga, Noel Rosa voltou ao repertório, agora com "Não tem tradução", de humor e mensagem adequadíssimos ao estilo de João: "Essa gente, hoje em dia, que tem a mania de exibição/ Não entende que o samba não tem tradução no idioma francês/ Tudo aquilo que o malandro pronuncia/ Com voz macia é brasileiro, já passou de português." O clarinete de Paulo Moura era o destaque do arranjo.

E a parceria de João consigo mesmo, que a cada disco se tornaria menos presente, ainda apareceu três vezes, uma delas na quase faixa-título, "Vem quem tem, vem quem não tem", expressão que pegou mais do que a música, uma crítica à descaracterização das escolas de samba, já sendo tomadas por gente de fora. "Convênio com cupido" brincava com a resistência dos poetas aos amores fracassados: "Peito quanto mais ferido/ Mais amor se tem pra dar." E a grande surpresa ficou para a última faixa, "Albatrozes." João reconhecia no encarte do disco, numa conversa com Sérgio Cabral, Jaguar e Albino Pinheiro, que a música era "diferente" e que o "pessoal" poderia estranhar, já que não tinha nada de samba. Segundo o cantor e compositor Carlinhos Vergueiro, o próprio João estranhara, pois lhe oferecera a canção. Ou melhor, dissera:

– Tenho uma música para você.

Acabaram só se reencontrando quando o LP já estava nas ruas. Carlinhos logo comentou:

– Adorei "Albatrozes."

– Era essa que eu queria dar pra você – revelou João.

Melhor não ter dado, pois sua gravação se tornou cult, como mais tarde passou a ser dito de tudo o que foge do padrão. Era o lado B do sambista, uma sofisticação que os mais próximos sabiam que ele tinha e que Geraldinho traduziu num arranjo com sons de aves, cordas e o violão de Helio Delmiro. O compositor dava seus recados políticos ("Eu quero ver os cantos tristes da minha América do Sul"), amorosos ("Te enredar nos braços e dizer/ Te amo, te amo") e musicais, mostrando quão ampla era sua capacidade.

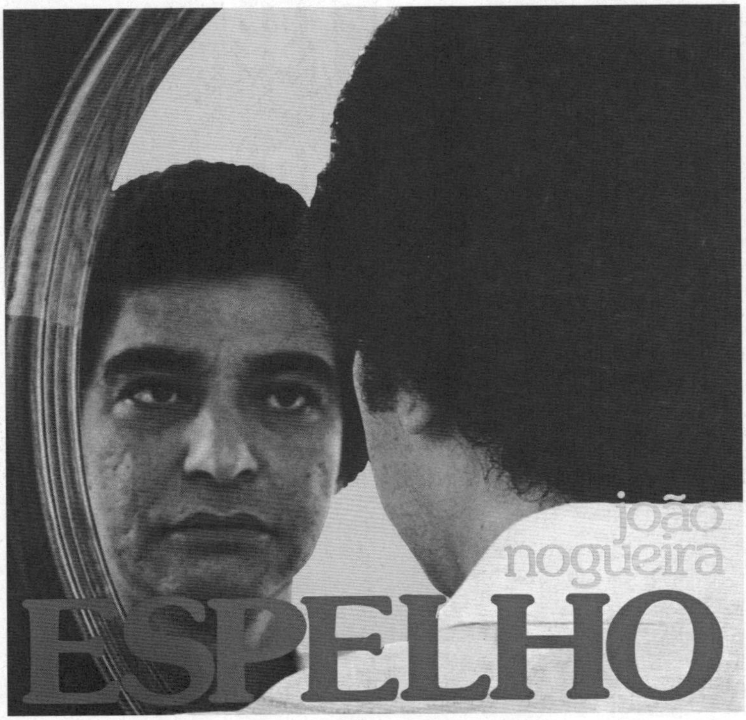

ESPELHO – EMI-ODEON
Capa: Jatobá
Fotos: Wilton Montenegro

4 ESPELHO

1977

GRAVADORA – EMI-ODEON
PRODUÇÃO – PAULO CÉSAR PINHEIRO

MÚSICAS

- 01 - PIMENTA NO VATAPÁ
Cláudio Jorge | João Nogueira

- 02 - ESPELHO
João Nogueira | Paulo César Pinheiro

- 03 - MALANDRO JB
Renato Barbosa | Nei Lopes

- 04 - ESPERE OH! NEGA
João Nogueira

- 05 - DORA DAS 7 PORTAS
João Nogueira | Paulo César Pinheiro

- 06 - O PASSADO DA PORTELA
Monarco

- 07 - APOTEOSE AO SAMBA
Zinco | Darcy Caxambu

- 08 - WILSON, GERALDO, NOEL
João Nogueira

- 09 - BATUCAJÉ
Wilson Moreira | João Nogueira

- 10 - SAMBA DE AMOR
Gisa Nogueira | João Nogueira | Mauro Duarte

- 11 - QUEM SABE É DEUS
João Nogueira

- 12 - DESENGANOS
João Nogueira | Mauro Duarte

Cartola e João Nogueira, Teatro Dulcina, 1977

O João Nogueira de 1977 era reconhecido como um dos maiores nomes do samba. Podia vender menos do que os amigos Clara Nunes e Roberto Ribeiro, mas não fazia sua gravadora perder dinheiro, muito pelo contrário. Tinha moral, portanto, para novamente, tal como acontecera com "Nó na madeira", transformar uma música não inédita em carro-chefe de um disco seu. E, desta vez, também em título: *Espelho*.

A homenagem a seu pai não poderia ficar esquecida num compacto pouco vendido de 1973, quando mal se sabia quem era João Nogueira. Ciente da força da canção, resolveu regravá-la, e coube a Geraldinho Vespar a criação de um novo arranjo. Para fazer alusão ao pai violonista, apenas um violão de sete cordas, tocado por Dino, e um de seis, por Neco, no início. Depois, sempre com suavidade, um tamborim, um pandeiro, o bandolim de Joel Nascimento, além das flautas de Celso Woltzenlogel e Jorginho transmitindo, segundo o arranjador, a ideia de voo no tempo. A música foi o sucesso do disco e está entre as mais conhecidas de João.

O novo investimento em "Espelho" certamente contou com o estímulo de Paulo César Pinheiro, parceiro no samba e agora também produtor de João. Ele assumira a produção dos LPs da mulher a partir de *Canto das três raças*, de 1976, ano em que João não gravou disco próprio – fato raro, pois as companhias praticamente obrigavam seus artistas a lançar um produto novo a cada ano, apostando na variedade de ofertas para manter em movimento a cara engrenagem e a política de maciças remessas de lucros para as matrizes no exterior. O estúdio em que o sambista entrou naquele ano foi o da RCA Victor, para participar de *Rosa do povo*, o LP de Martinho da Vila que tinha "João e José", parceria dos dois amigos, como melhor tradutora de seu conceito, baseado em Carlos Drummond de Andrade. Martinho José Ferreira fez a primeira parte, a do personagem com um de seus nomes, e entregou a segunda para João Nogueira criar e cantar.

Paulinho Pinheiro diz que Clara o convenceu a ser seu produtor em função da falta de tempo de Helio Delmiro, que trabalhava com muita gente, tocando ou produzindo, passando quase seus dias inteiros dentro de estúdios. Em seguida, João fez o mesmo. Helio, por sua vez, diz que provara sua capacidade em *Claridade* e *Vem quem tem*, e que poderia ter continuado ao lado dos dois artistas.

A troca pode não ter sido pacífica, mas não foi prejudicial à carreira do cantor, que realizou mais um bom disco. No texto da contracapa, Paulinho recorreu a elementos cabalísticos para festejar o trabalho: era o ano de 77, marcando sete anos de amizade; *Espelho* tinha sete letras no título e sete estrofes de versos; "Dora das 7 portas" fora a sétima música escolhida e gravada num dia 7, às 7 da noite. "Tomara que venda de 70 mil para cima", escreveu Paulinho, acertando na previsão. O disco passou dessa marca, embora não tenha chegado aos 100 mil que lhe garantiriam um disco de ouro – mais tarde, fruto da queda geral de vendas, bastariam 50 mil para um CD ser laureado.

"Dora das 7 portas" foi a única canção da parceria João/Paulinho, além de "Espelho", a integrar o repertório. Começa como moda de viola, com direito a uma própria tocada por Neco, e em seguida vira samba. Tornou-se uma daquelas músicas cultuadas de João, admirada pelos que a conhecem.

E o bom funcionamento da parceria se transportou para o estúdio da Odeon, com João gastando, no máximo, três *takes* para dar conta de uma faixa – e sem os recursos de correção de voz que surgiriam depois, capazes de transformar qualquer afônico em cantor. Antes de se dirigir ao microfone, tomava uma dose de uísque para esquentar. Se tomasse mais do que isso, a língua enrolaria. Sob ele e o microfone ficava um daqueles antigos cinzeiros de chão, do tempo em que era permitido fumar em lugares fechados. "Aquele retângulo de areia era só escarro. No final da gravação, estava um nojo", lembra Paulinho.

Fica difícil falar de comida depois disso, mas "Pimenta no vatapá", a segunda música mais tocada do disco, também não falava. O título era uma

Com os parceiros Martinho da Vila e Beth Carvalho, década de 1980

João em momento caseiro e descontraído, década de 1970

metáfora em mais um samba de homem se vingando de mulher. "Ardeu, eu fiquei a chorar", diz o narrador ao se lembrar de quando foi abandonado. "Agora você quer voltar/ E eu é que vou aplicar/ Pimenta no seu vatapá", revida ele na hora em que a moça pede perdão.

Cláudio Jorge chegou com a primeira parte pronta e mostrou a João. Ele adorou e fez a segunda. Em destaque no arranjo de Geraldinho, o cavaco de Carlinhos e as flautas de Celso e Jorginho, além da percussão. Milton Manhães foi autorizado desta vez a entrar no time de feras do ritmo, tão bem tocou seu pandeiro no ensaio. E no time também estava Cuscus, integrante da Bandola que ganhou esse apelido porque já trabalhara vendendo o doce. Nada a ver com a cor da pele, que era oposta. Numa viagem de João e sua banda ao Chile, uma criança passou o dedo na bochecha de Cuscus e lambeu, achando que era chocolate.

João podia saborear um docinho, mas suas maiores preferências eram bem mais consistentes. De vatapá com pimenta ele gostava, assim como de outros pratos baianos. Seu aniversário era comemorado com um panelão de caruru, o chamado "caruru do João." A tripa lombeira cozinhada por Surica, pastora da Portela, o deliciava. Mocotó também estava entre os favoritos, assim como feijoada e cozido. E ele tinha talento para preparar várias dessas comidas, chamando os amigos para desfrutá-las. Com Cláudio Jorge dividia algo até leve: salada de jiló frito. Ou seja, depois de frito, o jiló era levado ao congelador, sendo servido tal qual um carpaccio. Com Moacyr Luz também comia jiló, mocotó e, nas noites do Bar Luiz, ponto de encontro no Centro do Rio, frango defumado. Uma dieta dos melhores tempos do subúrbio carioca.

Foi natural sua aproximação de dois mestres suburbanos contemporâneos seus: Wilson Moreira e Nei Lopes. Ele logo viria a gravar uma parceria da dupla, que estava estourada em 1977 com "Coisa da antiga" na voz de Clara Nunes. Em "Espelho", no entanto, eles entraram em separado. Nascido em Realengo quando a Zona Oeste carioca ainda era predominantemente rural, Wilson cresceu ouvindo jongo, calango, toda a tradição afro-brasileira vinda das fazendas, e mesclou isso com o partido-alto e o samba das escolas, tendo fundado a Mocidade Independente de Padre Miguel e depois se mudado para a Portela. A melodia de "Batucajé" tinha os dois pés na África e no candomblé, o que inspirou em João versos como os do refrão: "Um batucajé que vai ao longe/ Eu canto pro meu pai Oxalá."

Nei Lopes é do Irajá, bairro menos rural, mas seu conhecimento (atávico e de estudos) das coisas afro-brasileiras é enorme. A sua estreia na voz de

João foi com um samba bem urbano, um samba de breque, corrente de que é um dos principais compositores. "Malandro JB", com melodia de Renato Barbosa, era uma inteligente brincadeira inspirada nas conversas com uma amiga repórter do *Jornal do Brasil*: um candidato a sambista vira jornalista para poder sobreviver e, convidado a ser jurado de samba-enredo em uma escola, apanha por não aceitar a maracutaia proposta, acabando por ser demitido do jornal. O trombone de Nelsinho evocou na gravação as gafieiras.

Outro encontro muito importante foi com um compositor da Zona Sul. Mauro Duarte, o Bolacha, era o símbolo maior do chamado "Samba de Botafogo", a linha de Walter Alfaiate, Zorba Devagar, Miúdo, Mical e outros: tom menor, histórias de carnaval feitas para os blocos do bairro, contos de amor e dor. "Desenganos", a primeira parceria de Mauro e João gravada, era desse tipo. "Vou de braços dados com a tristeza/ Até o dia (em) que você quiser voltar", dizia a letra, embalada por Geraldinho num arranjo com cordas e sopros.

E João pôs no disco outro samba seu, criado com Mauro, mas neste ele foi penetra. Tinha recebido uma homenagem de um bloco do Lido, em Copacabana, e foi a uma padaria próxima tomar cerveja com amigos e gente da agremiação que o homenageara. Enquanto estes disputavam sua atenção, Gisa, sua irmã, começou do outro lado do estabelecimento a compor algo com Mauro. Ao perceber o que estava acontecendo, João logo se candidatou: "Posso fazer a segunda (parte)?" E assim nasceu "Samba de amor", também em tom menor, também com cordas, e com um ensinamento: "Malandro não morre de mal de amor."

Não foi só "Espelho" que João recuperou para o seu novo disco. "Espere oh! nega", sua primeira composição a ser gravada, ressurgiu nove anos depois, agora na sua voz. E o acompanharam aqueles que fizeram o registro original, os rapazes do grupo Nosso Samba.

Outra música com melodia e letra de João foi "Quem sabe é Deus", com o trombone de Nelsinho novamente em destaque e os versos "Vivo ao lado da poesia/ Foi o que eu sempre quis/ Portanto, agora é que eu sou feliz."

Mais significativa e que geraria mais frutos foi "Wilson, Geraldo, Noel", samba em que reverenciou a trinca de autores de quem sofreu maior influência – e a quem dedicaria um disco inteiro quatro anos depois. A menção a Elizeth Cardoso, que o tornara conhecido ao interpretar "Corrente de aço", e toda a letra em primeira pessoa são explicitamente autobiográficas.

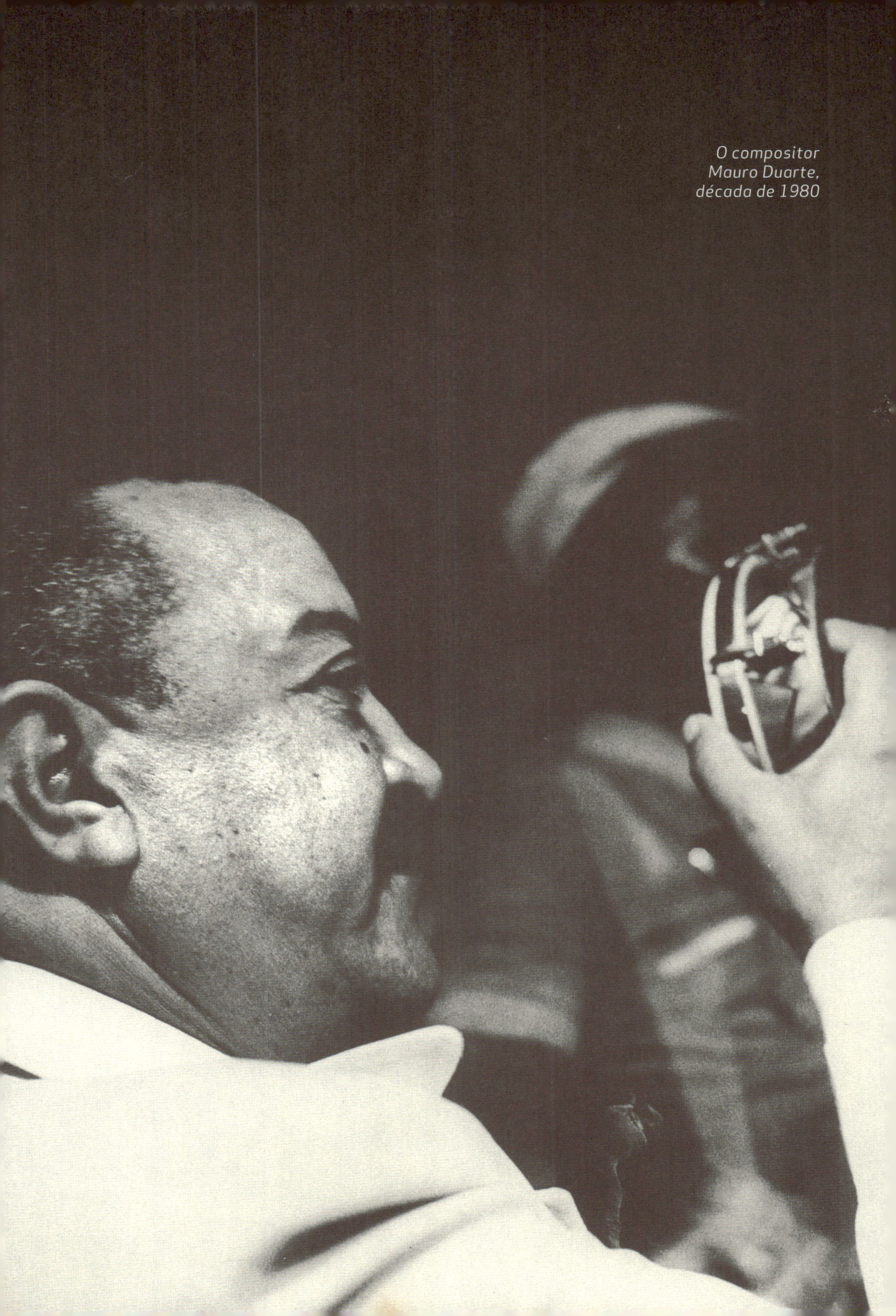

O compositor
Mauro Duarte,
década de 1980

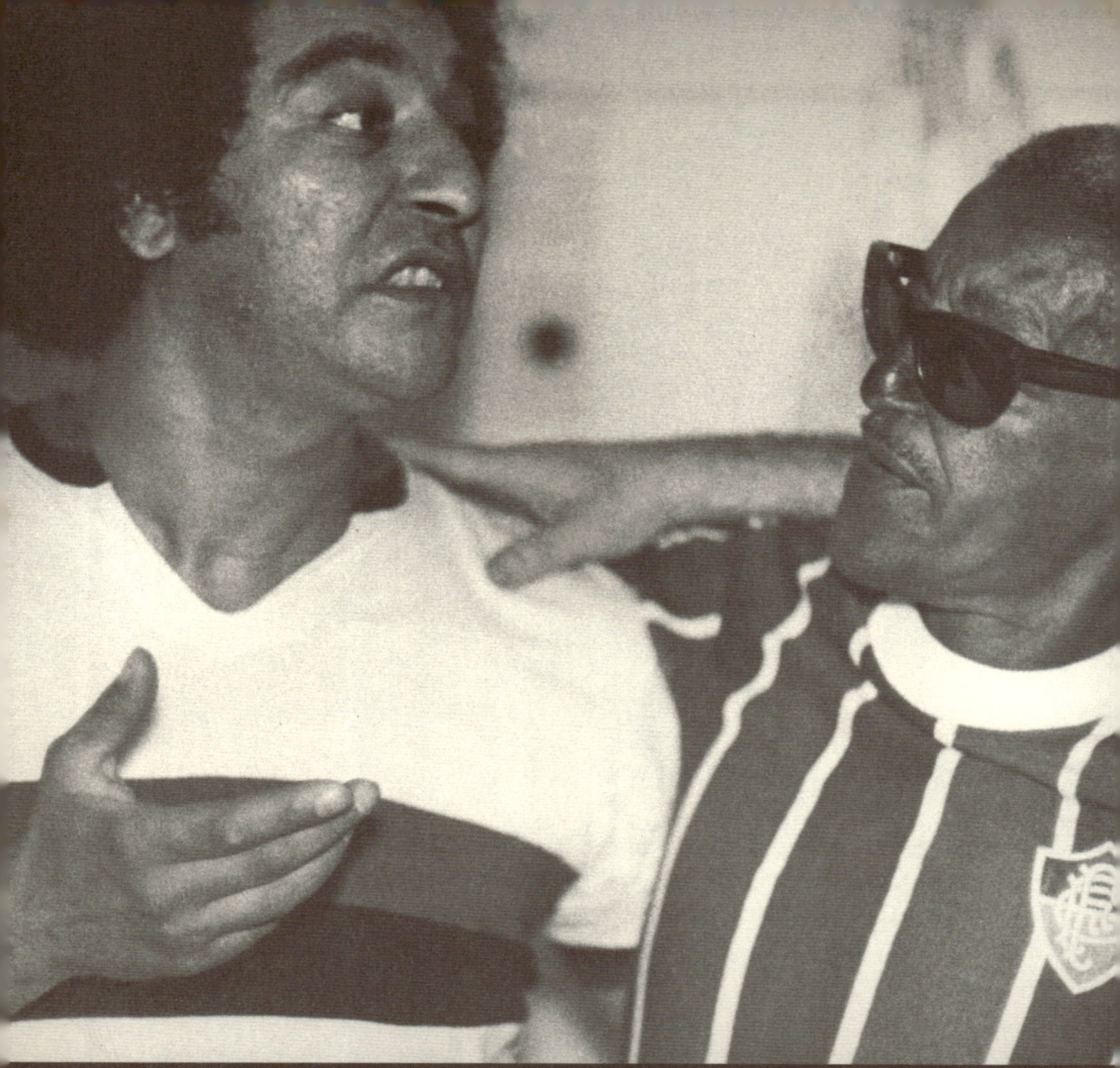

Os bambas
João e Cartola,
década de 1970

Geraldinho ainda sintetizou os estilos dos três compositores no arranjo, citando "Conversa de Botequim", de Noel, por exemplo.

Na hora de saudar os mestres com quem conviveu, João bisou a escolha de Monarco, agora sem parceiro, em "O passado da Portela", um dos hinos da escola. E fez outra escolha bem pessoal: cantou uma composição do pouco gravado Zinco, seu ídolo na juventude. João saía do Méier para ouvir as criações do sambista na Cachoeira, favela do bairro vizinho, Lins de Vasconcelos. "Zinco, poeta da Cachoeira, tu que embalavas meus sonhos de criança", diz o cantor no encerramento da sua versão para "Apoteose ao samba", parceria com Darcy Caxambu que tem quase o mesmo título do famoso samba de Silas de Oliveira.

Naquele mesmo 1977, João teve a oportunidade de dividir palcos e camarins com outro ídolo: Cartola. Os dois viajaram pelo país no Projeto Pixinguinha, criação de Hermínio Bello de Carvalho, então na Funarte, para levar a boa música brasileira a todos os estados. Alguns itens do repertório de *Espelho* entraram no show, assim como vários clássicos de Cartola. Uma das que cantavam juntos era "O sol nascerá", do mangueirense e de Elton Medeiros. Acompanhando a dupla, a Bandola: Cláudio Jorge (violão), Milton Botelho (baixo), Mané do Cavaco (cavaquinho), Ronaldo Medeiros (flauta e sax-alto), Milton Manhães, Cuscus e Mendes (os três na percussão). Entre amigos, ao lado de um mestre, e com o disco novo na praça sendo bem-recebido, João estava feliz.

VIDA BOÊMIA – EMI-ODEON
Capa: Jatobá
Fotos: Ivan Klingen

5 VIDA BOÊMIA 1978

GRAVADORA – EMI-ODEON
PRODUÇÃO – PAULO CÉSAR PINHEIRO

MÚSICAS

- 01 - BARES DA CIDADE
João Nogueira | Paulo César Pinheiro

- 02 - MODA DA BARRIGA
João Nogueira

- 03 - BAILE NO ELITE
João Nogueira | Nei Lopes

- 04 - BATE-BOCA
Walter Nunes | Mauro Duarte

- 05 - RECADO AO POETA
Eduardo Gudin | Paulo César Pinheiro

- 06 - AS FORÇAS DA NATUREZA
João Nogueira | Paulo César Pinheiro

- 07 - MARIA RITA
Luiz Grande

- 08 - BELA CIGANA
Ivor Lancellotti | João Nogueira

- 09 - AMOR DE FATO
Cláudio Jorge | João Nogueira

- 10 - SEM MEDO
João Nogueira

- 11 - A COR DA ESPERANÇA
Roberto Nascimento | Cartola

- 12 - AO MEU AMIGO EDGARD
João Nogueira | Noel Rosa

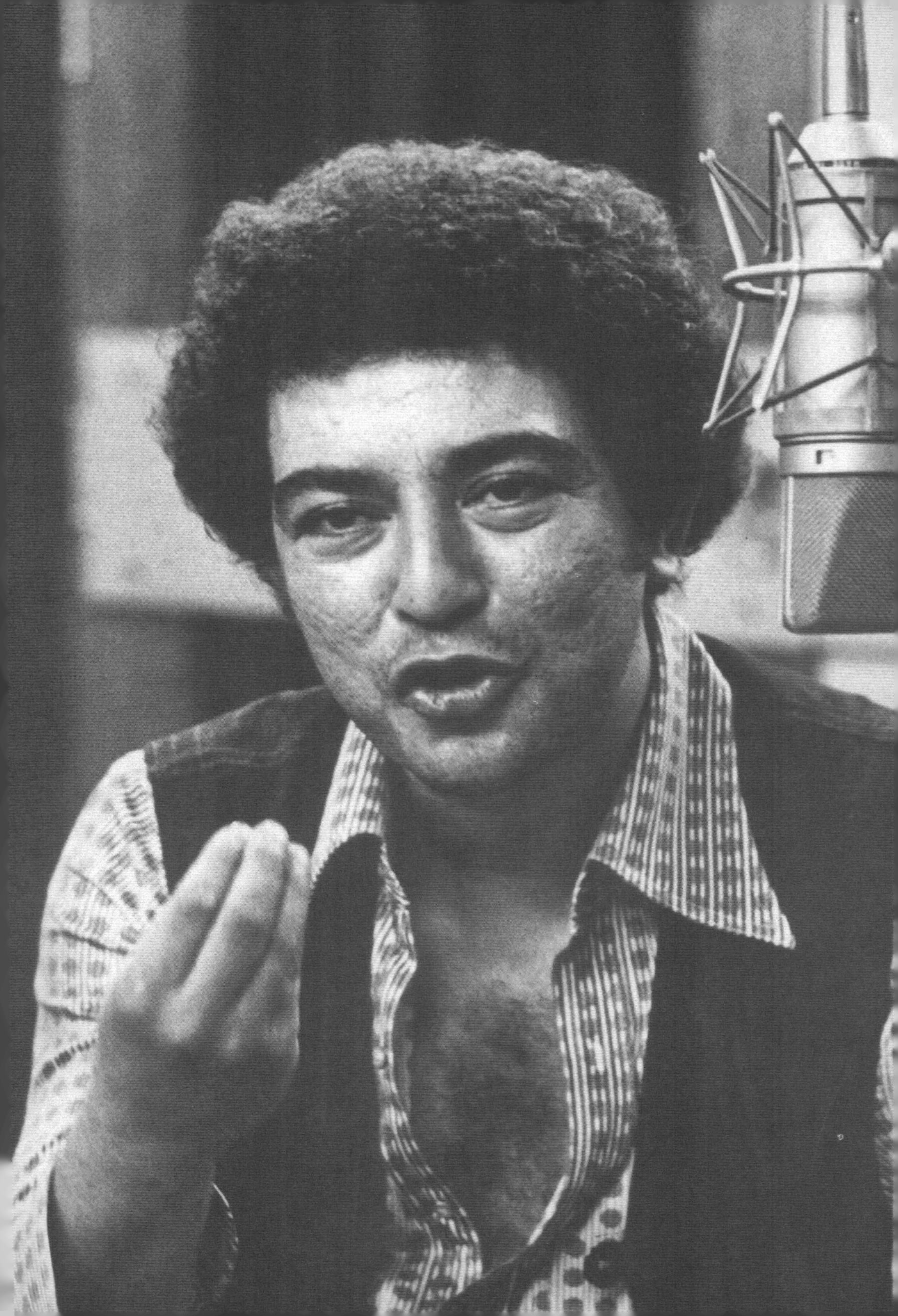

João em especial para a
Rádio JB, 1978

Ao contrário de Martinho da Vila, que sempre escolhe um tema para nortear seus trabalhos, João raramente fez discos conceituais. *Vida boêmia* é um que se aproxima desse perfil. A expressão do título foi extraída da primeira faixa, "Bares da cidade", e há outras tangenciando o assunto.

A parceria de João e Paulo César Pinheiro que abre o disco é autobiográfica. Nessa época, os dois circulavam pelos bares tradicionais citados na letra: Lamas, Nova Capela, Luiz, Amarelinho. E por outros, como o Paisano, o único dessa lista que foi extinto, e ficava na avenida Rio Branco, perto da Odeon.

A foto da contracapa, feita por Ivan Klingen, mostrava João, Paulinho e os músicos da Bandola numa mesa do Bar Luiz, na rua da Carioca. Na capa, João fumava – ainda não era de mau tom aparecer assim – diante dos Arcos da Lapa, no bairro símbolo da boemia carioca.

O sambista já fizera com Beth Carvalho o show *Onde o Rio é mais carioca*, idealizado e conduzido no palco por Sérgio Cabral. A boemia já estava fortemente presente, é claro, mas seria mesmo a grande estrela em *Vida boêmia*, o espetáculo derivado do LP. Nele, Cabral se vestia de garçom e contracenava com João num cenário de bar. "Eram porres diários", recorda o jornalista, que viajou para outros estados com o show, estreitando sua amizade com o cantor.

João e Paulinho dividiam algumas madrugadas com Beth Carvalho e Nelson Cavaquinho, especialmente as de segunda para terça-feira, após saírem das Noitadas de Samba do Teatro Opinião, em Copacabana. João e Nelson, ao lado de Paulo Valdez, chegaram a compor juntos uma música numa mesa de bar, mas não é provável que ela um dia venha a ser gravada. Didu, sobrinho de João, entregou a fita em que o samba foi registrado ao bandolinista e arranjador Afonso Machado, autor de um livro sobre Nelson. Segundo o músico, porém, é muito difícil entender a melodia, o que praticamente forçaria a criação de outra, entrando aí um quarto parceiro.

Cabral foi, por assim dizer, homenageado na segunda faixa do disco. "Moda da barriga" cita gordos então famosos, como Jô Soares, Tim Maia, Carlos Imperial, Wilza Carla e Vinicius de Moraes. O próprio João se achava alvo de seu samba, uma crônica imaginando como seria se ter barriga fosse considerado o *must*. Ele apresentou um clipe da música no *Fantástico*.

Sucesso mais longevo, no entanto, teve "Baile no Elite", a primeira parceria de João com Nei Lopes. A melodia, um samba de breque, era muito parecida com a de "Malandro JB", mas agora Nei descrevia uma noite perfeita na Gafieira Elite, no Centro do Rio. Tão perfeita que o narrador descobre, ao final da letra, que estivera apenas sonhando com a Orquestra Tabajara, Jamelão, Manel Garçom e todo aquele ambiente que o compositor conhecia tão bem, pois seu irmão, Jimbo, foi trombonista das duas principais gafieiras do Rio: Elite e Estudantina. É um dos principais sambas feitos sobre o tema. E Geraldinho Vespar caprichou no arranjo de sopros, com Paulo Moura no clarinete e Nelsinho no trombone.

"Bate-boca" não trata diretamente de boemia, mas foi feita por dois grandes boêmios de Botafogo, Walter Nunes (ou Walter Alfaiate, "o magnata supremo da elegância moderna", como estava escrito em seu cartão profissional) e Mauro Duarte. O tema, corriqueiro para homens da noite, era as brigas de casal, mas vistas sob um ângulo positivo: os bate-bocas são mais inspiradores para um sambista criar seus versos do que uma vida doméstica feliz.

"Recado ao poeta" também falava de criação e, diretamente, de bares: "essa lua, esse amigo, esse bar", enfim, fontes de inspiração para um artista produzir. É o universo de João, mas a música era de Paulinho com Eduardo Gudin, um dos melhores autores de sambas de São Paulo, também adepto das melodias em tom menor.

É possível afirmar que as referências à vida boêmia acabam aí no disco, mas vale lembrar que a faixa de maior sucesso foi feita por um boêmio que acompanhou João em muitas noitadas e cujos sambas sincopadíssimos,

Junior e João Nogueira:
paixão pelo futebol

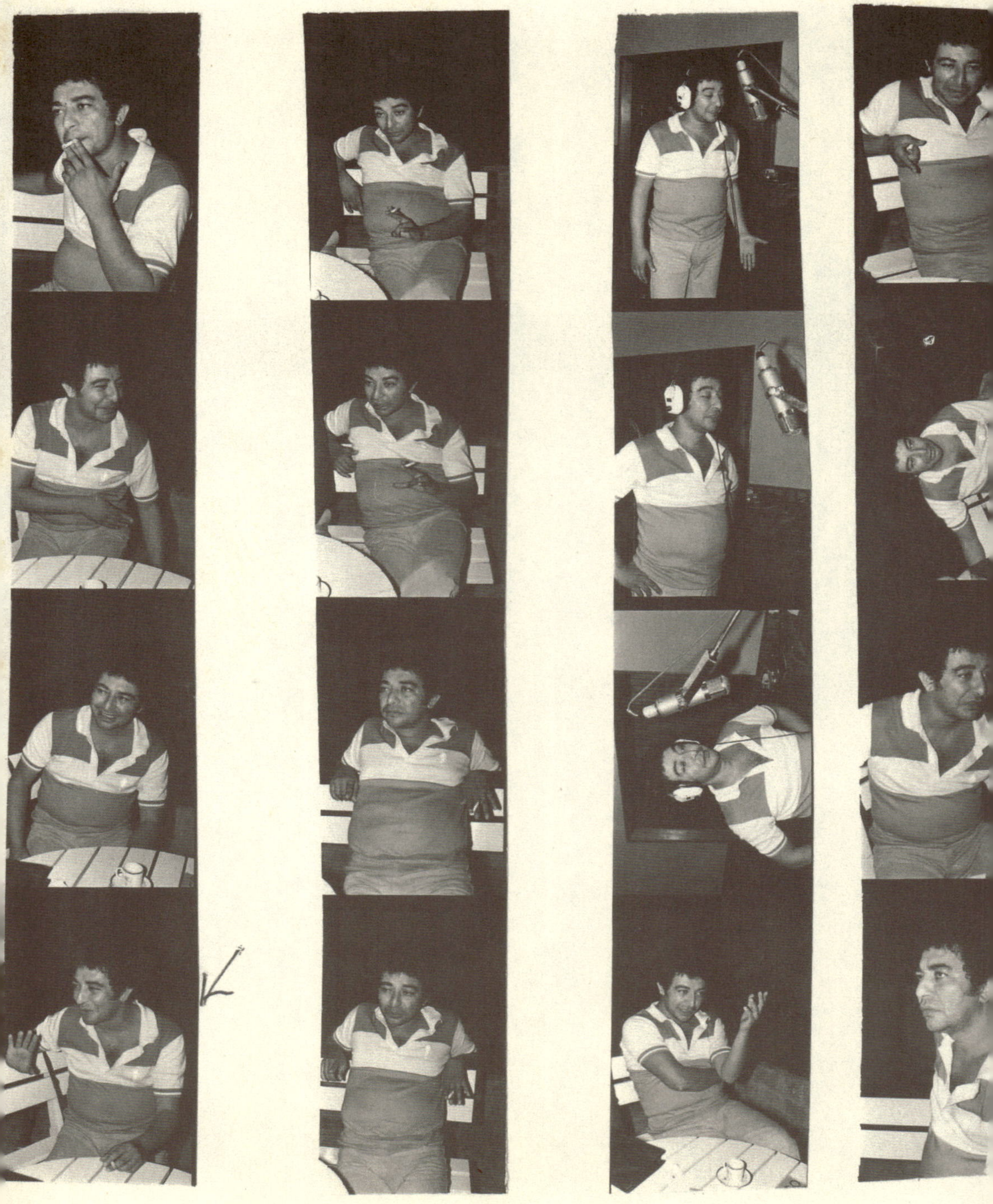

Momentos registrados durante gravação de especial para a Rádio JB, 1978

cheios de curvas, dificilmente seriam feitos por alguém de vida retinha. Basta ouvir "Maria Rita" para imaginar o remelexo da moça "que andava gingando com laço de fita", "cabrocha bonita, corpo escultural." E Luiz Grande imaginou isso ao compor a música, assim como Geraldinho pensou, segundo recorda, numa "mulata caminhando na rua ou descendo uma ladeira da Mangueira" ao escrever o arranjo, que corta com assovios dele e de João.

Já fazia tempo que João ouvia falar desse tal Luiz Grande, de apelido inspirado em sua altura. Milton Manhães costumava cantar um samba dele nas viagens e dizia para João:

– Você precisa conhecer o cara É a sua linha.

Pezão conseguiu marcar um encontro no Cacique de Ramos. A afinidade se confirmou, e João pediu a Luiz uma fita com seus sambas. Ela foi entregue dias depois na casa do cantor à mulher dele, Ângela, pois ainda era manhã, muito cedo para o boêmio estar acordado. De umas sete músicas que estavam na fita, João viu logo qual era a mais certeira.

O sucesso rendeu um dinheiro extra a Luiz, que usava a féria de seu táxi para sustentar a família. À noite circulava pelas rodas de samba da cidade. Depois de conhecer João, passou a frequentar as mesas dele no Luiz e no Amarelinho. E passou a frequentar seus discos, vindo a ter mais seis composições gravadas. Outros intérpretes cantaram seus sambas, de Beth Carvalho ("Xô, gafanhoto!") a Zeca Pagodinho ("Caviar", "Dona Esponja" e as várias do Trio Calafrio, formado por ele, Barbeirinho do Jacarezinho e Marquinhos Diniz).

João incluiu no repertório a música que ele e Paulinho tinham feito para Clara e que se tornara a faixa-título do LP de 1977 da cantora: *As forças da natureza*. Quando ela e Paulinho foram mostrar o disco que tinham feito, com algumas músicas tristes e já com a foto de uma grande pedra na capa, a EMI-Odeon não gostou nada do resultado. O executivo alemão que comandava a companhia a alertou:

– Clara, esse disco vai ser sua ruína. Capa tem que ter foto da artista. Clara não está casada com Paulo Pinheiro. Clara está casada com a Odeon.

Pois o disco foi um sucesso e a apocalíptica e redentora faixa "As forças da natureza" ("Vai resplandecer/ Uma chuva de prata do céu vai descer"), também, o que estimulou João a dar sua própria versão, suave, com participação destacada do bandolim de Joel Nascimento.

Clara marcou presença mais explícita fazendo um dueto em "Bela cigana", a primeira parceria de João com Ivor Lancellotti, que teve de se

João Nogueira no programa Show Brasil, 1984

desdobrar, literalmente, para acabar a canção. João tinha gostado da melodia e falou para o amigo encontrá-lo numa sessão de acupuntura em Jacarepaguá. A letra foi sendo ditada por um João de bruços, agulhado, enquanto Lancella, contorcido sob a maca, escrevia no caderno. Fazer os versos não deixou de ser uma viagem ao passado, pois dona Neusa gostava de cantar, enquanto trabalhava em casa, uma música sobre uma cigana, o que levou seu filho a ter simpatia pelas adivinhadoras. A cereja do arranjo foi o "violino cigano" de Giancarlo Pareschi – na verdade, um violino tocado de forma a criar uma atmosfera cigana, como pediu Geraldinho.

Foi em 1978 que Cláudio Jorge e João brigaram, e a amizade só seria restabelecida 20 anos depois. Um desentendimento levou o violonista a escrever uma "carta desaforada", como ele assume, e o cantor a ficar profundamente irritado. Mas isso foi depois da gravação do disco, que teve Cláudio como um dos violonistas e parceiro na otimista "Amor de fato" ("Vamos arrumar a casa, ó nega! Vamos recomeçar o amor").

De música sem parceiros, além de "Moda da barriga", apenas "Sem medo", de belos trechos ("Eu quero te rezar em terços/ Te falar em versos/ Te ninar em berços") e com solo do sax de Aurino, músico dos tempos da Bossa Nova que depois se fixaria na banda de Roberto Carlos.

O Cartola dos shows a duas vozes do ano anterior apareceu com "A cor da esperança", letra dele sobre melodia do violonista que o acompanhava, Roberto Nascimento, amigo de João e que tocou guitarra em "Vida boêmia."

E o Noel Rosa de sempre apareceu de forma extremamente original: João musicou uma carta do Poeta da Vila a seu médico, tornando-se com "Ao meu amigo Edgard" parceiro póstumo do ídolo. Noel exaltava com humor, em 1935, dois anos antes de morrer de tuberculose, seu suposto bom estado de saúde após uma temporada em Minas Gerais. "Creio que fiz muito mal/ Em desprezar o cigarro/ Pois não há material/ Pro meu exame de escarro", zombava o compositor que largou a Medicina.

"(...) não há dúvida, essa gente dos *dancing days* um dia dança", escreveu o crítico José Ramos Tinhorão no *Jornal do Brasil*, em que dizia valer *Vida boêmia* por um manifesto – em defesa da cultura popular diante das ofertas internacionais. Pois João ergueria no ano seguinte essa bandeira de forma apaixonada e para além dos estúdios, dando o passo para o que foi seu ápice e seu abismo.

CLUBE DO SAMBA – POLYDOR / POLYGRAM
Capa: Aldo Luiz
Fotos: Gilberto Grecco

6 CLUBE DO SAMBA 1979

GRAVADORA – POLYDOR / POLYGRAM
PRODUÇÃO – PAULO DEBÉTIO

MÚSICAS

- 01 - SÚPLICA
João Nogueira | Paulo César Pinheiro

- 02 - ARQUIBUNDO
João Nogueira | Maurício Tapajós

- 03 - DAMA DA NOITE
João Nogueira | Maurício Tapajós

- 04 - NICANOR BELAS-ARTES
João Nogueira | Chico Anysio

- 05 - CANTO DO TRABALHADOR
João Nogueira | Paulo César Pinheiro

- 06 - ESSE MEU CANTAR
João Nogueira

- 07 - AMOR DE DOIS ANOS
Luiz Grande

- 08 - DIA DE AZAR
João Nogueira | Paulo Valdez

- 09 - ENGANADORA
Monarco | Alcides Dias Lopes

- 10 - TERNO BRANCO
Gisa Nogueira

- 11 - IÔ IÔ
João Nogueira | Paulo César Pinheiro

- 12 - SAMBA RUBRO-NEGRO (O MAIS QUERIDO)
Wilson Batista | Jorge de Castro

Diretoria do Clube do Samba reunida: João Nogueira, Roberto Menescal e Paulo César Pinheiro

A coisa devia estar no ar. Num dia de janeiro de 1979 João "teve uma ideia de dar frio na barriga, dessas que dá certo ou dá morte." Poucas horas depois, ele recebeu um telefonema de um amigo jornalista, Antonio Carlos Austregésilo de Athayde, que pretendia fazer para o *Jornal do Brasil* uma reportagem sobre a hegemonia das discotecas e da música estrangeira, mas apontando para uma reação dos artistas nacionais. João, então, contou a ideia que tivera: criar um Clube do Samba para reunir cantores, compositores e músicos que estavam com poucas oportunidades de trabalho por causa da tal hegemonia. Brilharam os olhos e ouvidos do jornalista (e diplomata, vindo de passagens por Praga e Buenos Aires), que marcou um encontro para aquela mesma noite, na casa de João, no número 50 da rua José Veríssimo, no Méier.

Na reunião estiveram os dois; Ângela Nogueira, a mulher do compositor, e uma garrafa de uísque, que esvaziava conforme o trio se enchia de planos. O problema foi se lembrar no dia seguinte. Athayde achou melhor levar no próximo encontro um advogado para elaborar o estatuto do clube, que seria fundado oficialmente apenas em 5 de maio, já com muitos sambistas atraídos para a causa. Ainda em janeiro, saiu a matéria no Caderno B, com o título "Clube do Samba começa a se reunir depois do carnaval." Subtítulo: "João Nogueira convoca pra resistência."

A primeira "reunião festiva" – havia as administrativas, tidas como mais sérias, às quartas-feiras – foi preparada para ganhar cobertura do

Fantástico. Em reportagem encontrável no YouTube, aparecem falando e cantando João, Beth Carvalho, Martinho da Vila, Beto Sem Braço e muitos outros, entre eles um otimista e beligerante Sérgio Cabral.

– O samba sempre foi o principal inimigo da música estrangeira. 79 é o ano do samba. É o ano em que o samba vai vencer a música estrangeira – disse ele à emissora que levou ao ar, em 1978, a novela *Dancin' Days*, de Gilberto Braga, grande sucesso que consolidou a presença da discoteca (o gênero dançante e o estilo de casa noturna) no país, já forte desde o estouro, no ano anterior, do filme *Os Embalos de sábado à noite*, com John Travolta.

João se investiu de tal xenofobia na época que, numa pelada no campo de Chico Buarque, respondeu assim aos pedidos insistentes de um colega de time:

– Não passo a bola pra roqueiro.

Quem se uniu em torno do chamado de João não queria pouco. Era um "movimento de resistência ao fim da música brasileira", como recorda Athayde. A música brasileira não acabou e a discoteca praticamente acabou, mas não necessariamente por causa dos esforços dos sambistas, pois a vitalidade da primeira e a superficialidade da segunda eram garantias desses destinos. No entanto, poucas vezes o samba foi tão exaltado quanto nos anos do movimento que João, para seu bem e seu mal, liderou.

O lado negativo se configuraria na década seguinte. Ao decidir dar uma continuidade comercial à sua ideia essencialmente política e abrir na Barra da Tijuca, em 13 de maio de 1983, a casa noturna Clube do Samba, João se enredou em dívidas das quais jamais se livraria. Era o Brasil da inflação altíssima, dos preços descontrolados, e o cantor não era um empresário, agindo sempre mais com o coração do que com o bolso. Foi alvo de desfalques no caixa e de processos trabalhistas de ex-funcionários, inclusive de gente que o roubara. Embora a empresa Samba S/A tivesse 32 sócios (Martinho, Beth, Roberto Ribeiro, Alcione, Dona Ivone Lara e não artistas também), João resolveu assumir as dívidas sozinho, por entender que a ideia do projeto era sua. Há quem pense que os amigos deveriam ter dividido o ônus, mas não foi assim que o próprio João pensou. Nem sua mulher ele queria muito enfronhada:

– Você tem que cuidar da casa, das crianças. Não se mete no clube.

Antes da derrocada, veio a bonança, sobretudo a de devolver ao samba o papel de protagonista. Nos quase dois anos em que realizou bailes na sede do Flamengo no Morro da Viúva, o clube viu o salão receber cerca de 3.000 pessoas toda sexta-feira. Elas iam dançar ao som de uma orquestra de 30 músicos, regida por Nelsinho e formada por Wilson das Neves, Luna, Eliseu, Marçal, Trambique, Luizão Maia, Juarez Araújo e outros craques. Chico Buarque citou o clube, que tanto admirava, na letra de "Já passou", em 1980. Exilados que voltavam ao Brasil por causa da anistia passavam por lá, caso de Vladimir Palmeira. Era um dos melhores assuntos da cidade, e também no carnaval: o Bloco do Clube do Samba estreou em 1980 com uma música feita em cima da hora por Mauro Duarte e nunca parou de desfilar, sendo sempre divertidamente crítico, como no enredo de 1986: "Para de roubar que dá!"

Com o clube, João impulsionou o samba e, por tabela, a si mesmo. Seu nome estava a toda hora nos jornais. E se os trabalhos na Odeon vinham crescendo de reconhecimento e vendas, só se podia prever algo ainda melhor para o disco de 1979. E a previsão se confirmou, mas não na Odeon.

No início do ano, João se encontrou por acaso na Rádio Tupi com Paulo Debétio, que trabalhara na editora da EMI-Odeon e assim conhecera o sambista. Daquele pau de sebo de 1971, *Quem samba fica...*, Debétio participou como compositor, ao lado de Jovenil Santos, de "Eu, avenida e você", gravada por Roberto Ribeiro. Mas esse pernambucano que chegara ao Rio em 1965 após passagens por Paraná e São Paulo queria também ser produtor – e ganhar dinheiro. Já fazia parte do time de produtores da PolyGram, especialmente do selo Polydor, destinado aos artistas populares (Evaldo Braga, Tim Maia, Odair José, Diana). E resolveu que João seria sua grande aposta.

– PolyGram, meu irmão? – espantou-se o cantor ao ouvir na Tupi a sondagem.

Embora adorasse a Odeon, disse que aceitaria conversar se houvesse um dinheiro consistente. Foi sincero: precisava comprar um apartamento. Para ter um bem valorizado em seu nome e porque a bela casa da José Veríssimo – localizada por Milton Manhães e comprada por ele de uma senhora que só queria alugá-la – se transformara na sede do Clube do Samba, o que o impedia de acordar sem ter um estranho em seu quintal, ou pior: o impedia de dormir.

Debétio levou a mensagem a seus superiores no departamento artístico: Roberto Menescal, um fã de João que ficou empolgado; e Heleno de Oliveira, um egresso da área comercial interessado em tudo o que pudesse dar retorno. E João era a bola da vez. Mais: a PolyGram não tinha um nome de ponta no samba, já que Alcione ainda era uma cantora em ascensão e quase todas as outras estrelas estavam na Odeon e na RCA Victor. Toparam o pedido de João e dobraram a aposta: um apartamento no condomínio Barramares, na Barra da Tijuca, e um terreno no Recreio dos Bandeirantes.

João se entusiasmou, mas Debétio deu sua cartada:

– Meu objetivo é te produzir.

– Mas eu tenho um produtor, o Paulinho Pinheiro.

– Fazemos o disco juntos.

Não aconteceu. Paulinho se sentiu tendo o tapete puxado e, num encontro na gravadora, sequer retribuiu a mão estendida por Debétio para um cumprimento.

Mas o novo produtor não entrou vulnerável na empreitada. Em primeiro lugar, chamou para fazer os arranjos Geraldinho Vespar, agora dividindo a função com Sérgio Carvalho – curiosamente, Geraldinho estreara em *Dancin' Days* como um dos diretores musicais de novelas da TV Globo, emissora em que trabalharia por 13 anos. E Debétio também se certificou de que a PolyGram poria todo o seu aparato comercial e de divulgação a serviço do disco.

– Vamos mostrar que temos o maior sambista e o melhor produto – discursou numa reunião.

A escolha do título, *Clube do Samba*, foi fundamental para aproveitar a fama da outra empreitada. E, com todo o esforço da companhia, o LP vendeu de cara 78 mil unidades para, depois, chegar a cerca de 160 mil, o melhor resultado de um disco de João. A faixa que puxou o sucesso, tocando muito nas rádios, ganhou mais do que um clipe; foi feito um curta-metragem em super-8, dirigido por Jom Tob Azulay, que começava com João e Sérgio Cabral reclamando do som das músicas de discoteca para depois caírem no mocotó e no samba preparados no quintal da José Veríssimo.

"Súplica", a música que todos cantavam, era uma parceria de João com Paulinho Pinheiro, que nasceu nos estúdios da EMI-Odeon. Mais precisamente no amplo e impecável estúdio que, com a presença de diversos artistas e do príncipe Charles, a companhia inglesa inaugurara em 1978 em sua nova sede, na rua Mena Barreto, em Botafogo. O polonês Zoltan Merck ficou encarregado de zelar para que nada maculasse o espaço, nem um grão de poeira, muito menos uma cinza de cigarro, o que o tornava odiado pelos músicos.

Samba, suor e cerveja: aniversário de João Nogueira no Clube do Samba, 1986

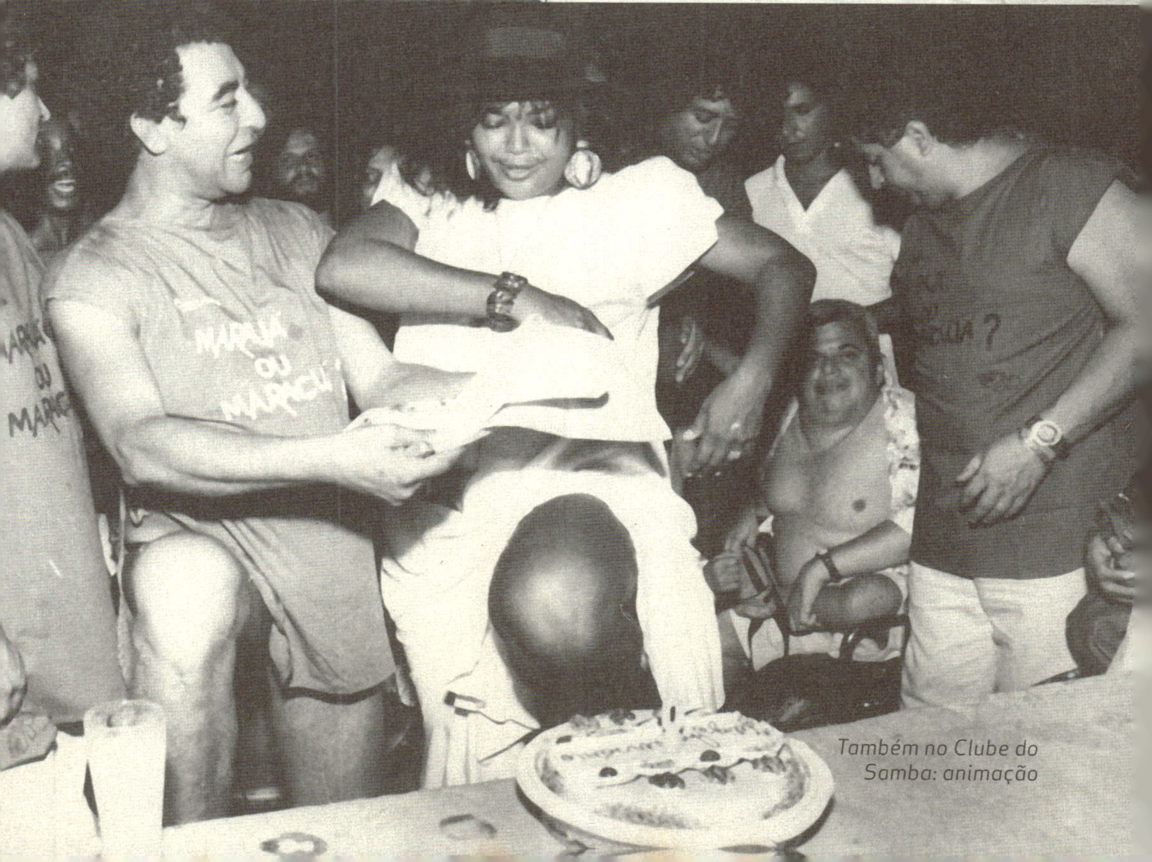

Também no Clube do Samba: animação

Ao testemunhar uma discussão do fumante maestro Nelsinho com o guardião polonês, Paulinho Pinheiro imaginou que todo aquele zelo não teria vez no futuro, nem mesmo a placa com o nome do príncipe Charles seria importante. As músicas ali gravadas, sim, é que restariam. Na mesma noite, começou a compor: "O corpo a morte leva/ A voz some na brisa/ A dor sobe pras trevas/ O nome a obra imortaliza." Concluiu a primeira parte e mostrou a João, que jogou a melodia lá no alto para o parceiro completar a letra: "Vem a mim, ó música!/ Vem no ar/ Ouve de onde estás a minha súplica/ Que eu bem sei talvez não seja única." Geraldinho pôs cordas para escalar essa subida. A música, um pedido de inspiração, se tornou a primeira parte do que Paulinho batizou de "Trilogia do alumbramento" – "Poder da criação" (o ato de criar) e "Minha missão" (o ato de cantar) são as outras.

O espírito combativo de João, tão em evidência na criação do Clube do Samba, transpareceu também nas outras duas parcerias com Paulinho que integram o disco. "Canto do trabalhador" fala em "trabalhar sem fazer alarde", "frutos da liberdade" e "cantar a verdade." Já "Iô iô" é uma resposta bem pouco sutil da dupla a Caetano Veloso, que andava falando mal do Rio: "Iô iô exalta a Bahia, porém/ Nunca mais por lá ficou/ E deu pra falar mal do Rio/ Morando aos pés do Redentor/ (...) Você vive inventando moda/ Jogada pra estar sempre em cartaz/ E é tanta conversa-fiada que/ Agora, ninguém aguenta mais."

Mas havia muita festa no disco. A paixão de João pelo futebol apareceu em três faixas. A que fez mais sucesso não era dele, mas uma recriação do "Samba rubro-negro", de Wilson Batista. Em vez de "Rubens, Dequinha e Pavão", ídolos dos anos 50, ele exaltava "Zico, Adílio e Adão", jogadores de um time que estava se sagrando tricampeão estadual e se preparando para ganhar, nos quatro anos seguintes, três títulos brasileiros, um sul-americano e um mundial. João ia a praticamente todos os jogos do Flamengo no Maracanã, e às vezes ia no ônibus da delegação, cantando com a equipe. Costumava rumar para o estádio sem ingresso e, ao ser reconhecido por um dirigente, era logo levado às cadeiras especiais. O botafoguense Cláudio Jorge o acompanhou numa vez em que ele foi parar no fosso atrás dos bancos de reservas, à beira do gramado. No fim do jogo, correu para abraçar Zico e pediu para Cláudio, que estava fazendo curso de fotografia, registrar aquele momento. O violonista apertou o botão algumas vezes, mas depois viu que o filme não tinha rodado, mal que a era digital sepultou.

– Mas, Cláudio, que porra de curso é esse que você está fazendo? – irritou-se muito João ao receber a notícia.

Ao narrar os problemas de uma sexta-feira 13 em "Dia de azar", João, em parceria com Paulo Valdez, mostrava-se preocupado, "pois hoje quem joga é o Mengo." É uma crônica, como há outra no disco: "Nicanor Belas-Artes", a única música feita por João com o humorista Chico Anysio, sobre um bicheiro pobre que começa a botar "banca de bacana." A terceira que cita o esporte preferido do país é "Arquibundo", um misto de arquiteto e vagabundo que gosta de "muita praia, muita cana e muito futebol." A segunda parte do samba, apenas com surdo e baixo, é uma surpresa do arranjo. Maurício Tapajós, que criou esta com João, também é o parceiro em "Dama da noite", na qual boemia e poesia voltam a ser o tema.

Depois do sucesso de "Maria Rita", o cantor não poderia ficar sem Luiz Grande, que entrou com "Amor de dois anos", da mesma linhagem sincopada da anterior. E Monarco, presença frequente, reaparece ao lado de Alcides Malandro Histórico com "Enganadora", um samba de estrutura rara, apenas com uma primeira parte longa. Na introdução, João anuncia o apelido do amigo: "compadre que Deus me deu."

Clube do Samba ainda foi o disco em que, enfim, Gisa Nogueira, após três tentativas, convenceu o irmão a gravar "Terno branco", que ela achava ter a cara dele, falando de lua, malandro, poeta e de uma musa ("beleza de uns olhos azuis"). João ainda deu sua versão para "Esse meu cantar", composição que já tinha alguns anos de vida e não por acaso foi posta depois de "Canto do trabalhador", pois fala "(...) do corpo marcado/ De quem já apanhou de aroeira", "(...) do povo que vive na poeira." Mas também tem versos absolutamente autobiográficos: "Eu sou o filho mais moço/ Do pai que de morto/ Me deixou a rua pra eu ver o desgosto."

Diogo Nogueira, filho do cantor, tem tatuado no braço esquerdo a foto do pai sorridente que está na capa desse disco, feita por Gilberto Grecco. Foi tão especial o 1979 de João que criações suas com Paulinho ainda fizeram sucesso nas vozes de três cantoras importantes: "Mulata faceira" com Elizeth Cardoso; "Eu hein, Rosa", com Elis Regina; e "Paraíba do Norte, Maranhão", com Alcione. Amado por seus colegas e, agora, pelo grande público, o sambista decolara, e nada parecia capaz de segurá-lo.

BOCA DO POVO – POLYDOR / POLYGRAM
Capa: Aldo Luiz
Fotos: Milton Montenegro

7 BOCA DO POVO 1980

GRAVADORA – POLYDOR / POLYGRAM
PRODUÇÃO – PAULO DEBÉTIO

MÚSICAS

- 01 - PODER DA CRIAÇÃO
  João Nogueira | Paulo César Pinheiro
- 02 - 'SEU' DONO DA GENTE
  João Nogueira | Nei Lopes
- 03 - LÁ DE ANGOLA
  João Nogueira | Geraldo Vespar
- 04 - QUEDAS E CURVAS
  João Nogueira | Ivor Lancellotti
- 05 - SAUDADE DE SOLTEIRO
  João Nogueira | Paulo César Pinheiro
- 06 - MULHER VALENTE É MINHA MÃE
  João Nogueira
- 07 - TRABALHADORES DO BRASIL
  João Nogueira | Paulo César Pinheiro
- 08 - A FORÇA DO SAMBA
  Luiz Grande
- 09 - SEREI TEU IÔ IÔ
  Paulo da Portela | Monarco
- 10 - LINGUAGEM DO MORRO
  Padeirinho
- 11 - CAVALEIROS SANTOS
  João Nogueira | Paulo César Pinheiro
- 12 - BONS VENTOS
  João Nogueira | Ivor Lancellotti

Só sorrisso:
João Nogueira, 1988

Antes de decidir que seu novo disco teria um conceito, João já tinha a faixa de abertura. "Poder da criação" era a segunda etapa da "Trilogia do alumbramento", dele e de Paulinho Pinheiro, tão ou mais forte do que "Súplica" e com estrutura semelhante: início mais lento e grave ("Não, ninguém faz samba só porque prefere/ Força nenhuma no mundo interfere/ Sobre o poder da criação") e final lá em cima ("E o poeta se deixa levar por essa magia/ E um verso vem vindo e vem vindo uma melodia/ E o povo começa a cantar"). Geraldinho Vespar mais uma vez usou as cordas para trilhar essa subida, ainda criando com elas um efeito para sublinhar o verso "Com a rapidez de uma estrela cadente."

O solo do cavaco de Carlinhos, com afinação em bandolim, foi outro brilho do arranjo. Nesse novo disco o cantor contou com três cavaquinistas importantes: Carlinhos, seu conhecido do grupo Nosso Samba e virtuose no instrumento; Mané do Cavaco, que passou a integrar a Bandola depois de anos com Martinho da Vila e tinha uma batida que cativava João; e Alceu Maia, então ainda mal saído das quadras de futebol de salão para os estúdios, mas já com formação sólida e vocação de arranjador, conhecimento que o levava a substituir, em algumas faixas, seu mestre Mané, que não lia partituras.

"E o povo começa a cantar", encerrando a primeira música, era a senha para entrada num repertório que combinava temática social, crônica de costumes, exaltação ao samba, tudo o que, enfim, está ou deveria estar na

Beth Carvalho e João Nogueira desfilam pela Portela em homenagem à Clara Nunes, 1984

"boca do povo", como João batizou seu segundo trabalho no selo Polydor, da PolyGram – o futebol ficou de fora como assunto, mas estava nas fotos da capa e da contracapa: o cantor no Maracanã, com radinho de pilha no ouvido. Embalado pelo disco de ouro conquistado por *Clube do Samba*, Paulo Debétio novamente assinava a produção, agora mais confiante e afinado com o estilo nem sempre delicado de seu artista. "Eu não impunha nada, porque ele estourava. Chegávamos a um consenso", lembra.

João escolheu para segunda faixa um "samba reivindicatório", como classificou nas explicações do encarte, expediente didático que ele nunca adotara antes. "Seu Dono da Gente" era tão reivindicatório que começava assim quando foi criado: "Senhor presidente..." Mas o destinatário e, por tabela, o título da música foram mudados por João, "marrento como ele só", segundo o letrista do samba, Nei Lopes. Ele fizera os versos para a melodia de Wilson Moreira por encomenda de José Itamar de Freitas, então diretor do *Fantástico*, amigo de Wilson, e que gostava de ter crônicas musicais no programa. "Tá faltando feijão/ Tá faltando esperança/ As minhas crianças não têm segurança", dizia a letra, mostrando a dureza econômica da época e a relativa leveza política – no ocaso da ditadura militar, algumas críticas já podiam ser feitas. Ela foi ao ar em março de 1979 com o início original, que João alterou no ano seguinte.

A gravação contou com o pandeiro de Jorginho, do Época de Ouro, mas a participação mais luxuosa foi a do maestro Moacir Santos, que estava nos Estados Unidos havia 15 anos. Ele tocou sax-alto ao lado de outra fera, Oberdan Magalhães, criador da Banda Black Rio.

O compositor, agora bastante combativo, atento a mazelas culturais e sociais, também resolveu musicar uma letra de Paulinho Pinheiro sobre os camelôs, os biscateiros. "Eu fui vendedor de jornal/ Depois catador de papel/ Bilheteiro federal/ Também fui chofer de aluguel", listava "Trabalhadores do Brasil", que virou um partido-alto após João criar um refrão e a melodia.

O tema do disco o motivou a regravar "Mulher valente é minha mãe", que ele só cantara no pau de sebo *Quem samba fica...*, de 1971, e em shows. A homenagem à dona Neusa se estendia a todas as mães "pobres, batalhadoras", como ele escreveu.

Olhando para outra ala feminina da família, ele escreveu para as filhas, Tatiana e Clarissa, a letra de "Quedas e curvas", um samba-canção de Ivor Lancellotti – que sugeriu o bandoneón que se ouve no disco, tocado por

Ubirajara Silva, pai do compositor Taiguara. Ao concluir os versos, João chorou de emoção. Tinha expressado seu temor em relação ao futuro delas: "Dessa vida maluca, varrida/ Eu não consegui desvendar o segredo/ Meu amor, olhe bem as meninas/ Que eu morro de medo." Sua preocupação valia para qualquer menina. Ângela, sua mulher, se lembra de um telefonema angustiado que ele deu de Fortaleza. Acabara de ser abordado, na porta de seu hotel, por menores oferecendo sexo. Era algo que o tirava do sério.

João também viu muita pobreza em Angola, na viagem que fez em maio de 1980 – foram muitos os artistas brasileiros que estiveram naqueles anos no país que trocara a situação de colônia portuguesa pela de república socialista, entre eles Chico Buarque, Clara Nunes, Martinho da Vila e Dorival Caymmi. Mas a lembrança que guardou das crianças foi bem mais alegre. Saindo da ilha do Mussulo, ele e vários colegas ficaram à deriva num barco que não conseguia se afastar da costa. Meninos e meninas começaram, da areia, a cantar para Iemanjá. Os artistas copiaram uma espécie de "Iá, iá, iá", e o barco se moveu. Na volta ao Brasil, João contou a história a Geraldinho, que fez melodia e arranjo para "Lá de Angola", convidando a escola mirim da Unidos de Vila Isabel para representar as crianças africanas. No mesmo ano, Geraldinho assinaria o arranjo de "Morena de Angola", um dos maiores sucessos de Clara, composição de Chico Buarque.

"Concluí que o samba não nasceu na Bahia nem no Rio de Janeiro, mas em Angola", escreveu João no encarte. A conclusão em nada mudava a necessidade de exaltar "A força do samba", como se chamava a música de Luiz Grande escolhida para o novo disco, conduzida pelo sax-barítono de Aurinho. O sincopado otimista anunciava que "o samba está sempre aí, sempre aí/ Firme e forte com força pra resistir", bem na linha da militância do Clube do Samba. "Saudade de solteiro", crônica letrada por Paulinho seguindo a ideia de que nem tudo passa, também invoca ao final a força do samba, afirmando que ele não é passageiro.

A "boca do povo" fala gírias que vão se incorporando ao vocabulário de todas as classes sociais. João pensou nisso ao gravar "Linguagem do morro", um clássico do mangueirense Padeirinho, escrito nos anos 1950, quando "carango", "bafafá" e "vacilação" ainda eram termos exclusivos das favelas. A beleza desse samba sincopado continuou jovial, ganhando o adorno do trombone do maestro Nelsinho, que dividiu com Geraldinho os arranjos do LP.

João Cabral, João Nogueira, o compositor pernambucano Capiba e sua esposa em Recife, 1980

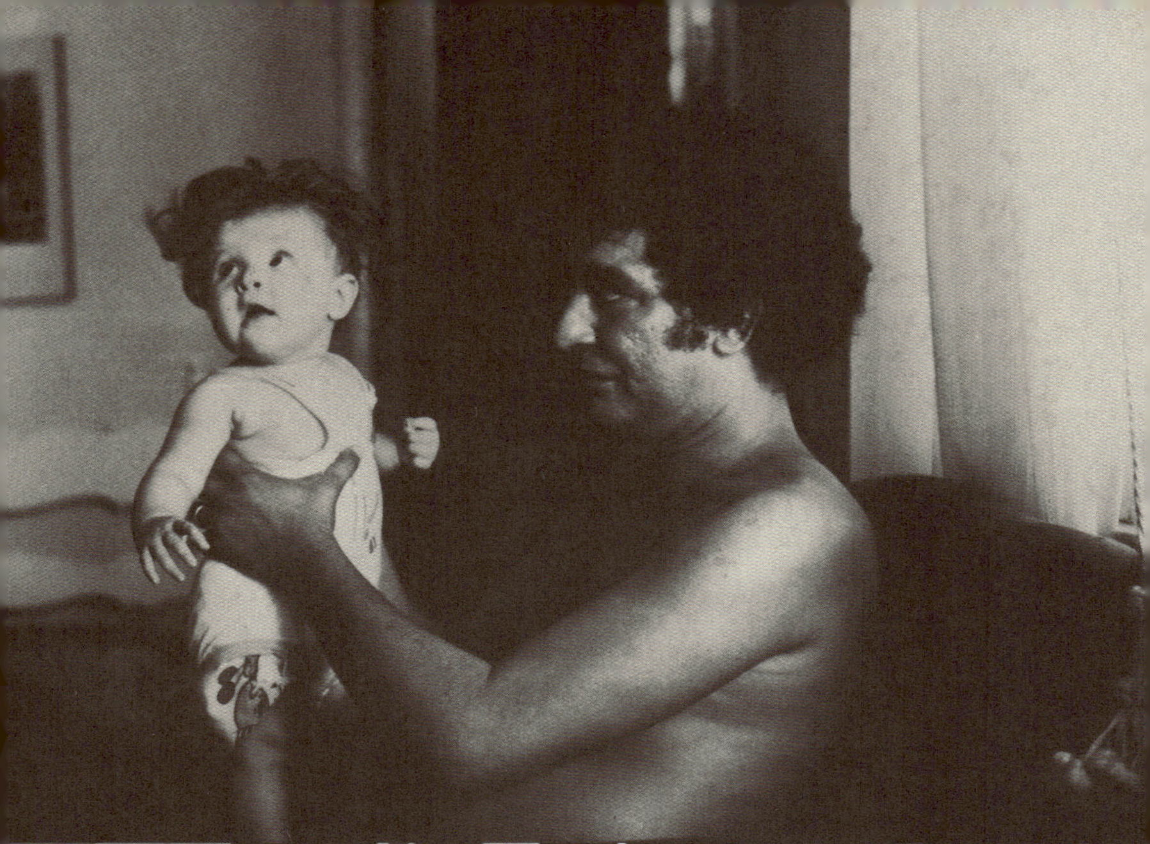

O cantor promoveu outra espécie de encontro de gerações em "Serei teu lô lô." Ao ouvir de Monarco, memória portelense, uma primeira parte deixada composta por Paulo da Portela, fundador da escola, João estimulou o amigo a criar a segunda. Não demorou quatro dias para que o samba ficasse pronto. Ou melhor, o maxixe. João e Geraldinho reforçaram esse aspecto na gravação da primeira parte. A segunda enveredava pelo samba.

O disco terminou com duas faixas embaladas pelo vento. "Cavaleiros santos" era uma oração escrita por Paulinho dois anos antes e a que, enfim, João conseguira dar uma melodia. "Segue, vento/ Vai pelos quatro cantos/ Quebra o mundo/ Da força dos quebrantos", rogava os versos. Para "Bons ventos", maxixe de Lancella que João letrou após um dia em que a ventania abriu as janelas de sua casa, a mensagem dada foi de uma esperança mais otimista do que angustiada: "Os prantos hão de secar, o amor há de sobreviver."

As vendas de *Boca do povo* não ultrapassaram as 80 mil cópias, metade do disco anterior. Não era um bom sinal, mas ainda assim compensava o investimento da PolyGram. João já usufruía dele: construía a casa dos sonhos no Recreio dos Bandeirantes enquanto morava no Barramares. Podia até se dar o luxo de pensar num projeto que prescindisse de sua força de compositor e no qual atuasse apenas como intérprete. Era um de seus sonhos de bamba a realizar.

João Nogueira e sua filha Tatiana, 1976

Abaixo, com a amiga Alcione no lançamento do álbum Wilson, Geraldo, Noel, *1981*

WILSON, GERALDO, NOEL – POLYDOR / POLYGRAM
Capa: Elifas Andreato

8 WILSON, GERALDO, NOEL 1981

GRAVADORA – POLYDOR / POLYGRAM
PRODUÇÃO – HOMERO FERREIRA

MÚSICAS

- 01 - LOUCO (ELA É SEU MUNDO)
Wilson Batista | Henrique de Almeida

- 02 - DE BABADO
Noel Rosa | João Mina

- 03 - BOLINHA DE PAPEL
Geraldo Pereira

- 04 - LARGO DA LAPA
Wilson Batista | Marino Pinto

- 05 - VOCÊ ESTÁ SUMINDO
Geraldo Pereira | Jorge de Castro

- 06 - O MAIOR CASTIGO QUE EU TE DOU
Noel Rosa

- 07 - SAMBA DO MEYER
Wilson Batista | Dunga

- 08 - POSITIVISMO
Noel Rosa | Orestes Barbosa

- 09 - PEDRO PEDREGULHO
Geraldo Pereira

- 10 - ESTA NOITE EU TIVE UM SONHO
Wilson Batista | Moreira da Silva

- 11 - VOCÊ VAI SE QUISER
Noel Rosa

- 12 - FEITIO DE ORAÇÃO
Noel Rosa | Vadico

No lançamento de
Wilson, Geraldo,
Noel, *1981*

João já tinha demonstrado sua devoção a Noel Rosa, Wilson Batista e Geraldo Pereira gravando músicas dos dois primeiros e exaltando os três na autobiográfica "Wilson, Geraldo, Noel." Estava na hora de dedicar um disco inteiro aos sambas do trio, projeto sobre o qual conversou com Paulo Debétio e que recebeu a aprovação da diretoria da PolyGram.

Mas os planos de Debétio eram diferentes do que viria a se tornar o LP. O produtor planejava gravá-lo ao vivo, possivelmente no Teatro João Caetano, com participações de Chico Buarque, Alcione e um cantor popular como, por exemplo, Jair Rodrigues. Haveria *pot-pourris* reunindo algumas das composições.

"A ideia era fazer um disco para cima, para vender 200 mil. Talvez fosse o disco antológico de João", acredita Debétio.

No entanto, Roberto Menescal chamou-lhe para almoçar certo dia. Avisou que o projeto mudaria de produtor. A companhia optara por Homero Ferreira, querido por muitos artistas, conhecido de João, casado com Cristina Buarque, irmã de Chico. A decisão também significava que o disco não seria mais feito ao vivo.

A diferença entre os planos de Debétio e Homero era abissal. Enquanto o primeiro aplicaria elementos como *pot-pourris* e convidados famosos para buscar o que imaginava ser um ótimo resultado comercial, o segundo queria um disco elegante, com interpretações e arranjos sofisticados. Não por acaso, Debétio prosperaria produzindo e compondo para Chitãozinho

& Xororó e outros nomes populares, e Homero continuaria até morrer, em 2011, desenvolvendo projetos para públicos segmentados, como a direção musical do Teatro Fecap, em São Paulo.

Homerinho, como era chamado, fez exatamente o que desejava. E as vendas não foram altas, encaixando-se com as previsões de Debétio: em torno de 30 mil cópias. Ao longo dos anos, no entanto, o disco se tornou um dos mais cultuados de João, por sua qualidade como intérprete, pela escolha do repertório e pelos arranjos de primeira linha, assinados por Geraldinho Vespar, Paulo Moura, Nelsinho e Cristovão Bastos.

A faixa mais marcante ficou sendo a primeira. "Louco (Ela é seu mundo)", um Wilson Batista falando de dor de amor, à feição de João, ganhou de Geraldinho um arranjo com poucos instrumentos, mas complexo. Ele escreveu o solo de sax-alto que Paulo Moura fez na introdução e no final, mas deixou o músico improvisar no restante do tempo. Gravando ao mesmo tempo, o próprio Geraldinho, no violão; Luizão Maia, no baixo; e Wilson das Neves, na bateria, conduziram o samba com a levada arrastada que ele pede, fazendo a base para que João, numa de suas melhores interpretações, cantasse da mesma forma. Cristovão Bastos ainda acrescentou um piano depois.

"Imaginei um homem andando pela rua às duas da manhã, olhando para a lua. Ficou sombrio iluminado", classifica Geraldinho, que precisou fazer valer sua célebre "mania de perfeição" para vencer uma queda de braço com Homero sobre um acorde de que o produtor não gostara, na hora de "a vida não valia nada."

A segunda mais marcante também foi a segunda da ordem. João chamou a amiga Alcione para dividir os vocais do partido-alto "De babado." Além dos versos de Noel, eles cantaram outros, refazendo ao final até o refrão ("De cavaco, sim/ Meu amor ideal/ Oi, sem cavaco, não"). Os *scats* (improvisos vocais sem letra) de Alcione, formada na noite e no trompete, e o trombone de Nelsinho conferiram uma roupagem jazzística ao samba.

João selecionou para gravar mais quatro de Noel ("O maior castigo que eu te dou", "Positivismo", "Você vai se quiser" e "Feitio de oração"), três de Wilson ("Largo da Lapa", "Samba do Méier" e "Esta noite eu tive um sonho") e as três de Geraldo ("Bolinha de papel", "Você está sumindo" e "Pedro do Pedregulho"). Auxiliado pelas afinidades temáticas e melódicas entre os três compositores, o resultado é uniforme na excelência, mas isto muito se deveu também à intimidade de João com o repertório. Pode-se ressaltar

Na festa de lançamento, com a amiga Leci Brandão, 1981

Com Nelson Vitamina, 1981

um ou outro aspecto de algumas faixas como o clarinete de Paulo Moura em "Bolinha de papel" e "Largo da Lapa", esta última interpretada de modo extremamente envolvente por João; os metais, a começar pelo trombone de Nelsinho, em "O maior castigo que eu te dou" e "Você vai se quiser"; a combinação entre o assovio de João e a flauta de Jorginho, ambos crias do bairro, em "Samba do Méier", versão em que o cantor aproveita para exaltar figuras ilustres da região, como Helio Delmiro, Millôr Fernandes e Agripino Grieco, além de seus amigos Jirico e Carlão; e o piano de Cristovão Bastos acompanhando sozinho a voz de João nas duas primeiras estrofes de "Feitio de oração", samba registrado com extrema suavidade.

Sucesso muito mais de crítica do que de público, *Wilson, Geraldo, Noel* matou um desejo de João, deixando-o feliz. Mas era um projeto especial. No mesmo 1981, ele precisava realizar na PolyGram um "disco de carreira", como se diz (ou se dizia) no mercado fonográfico.

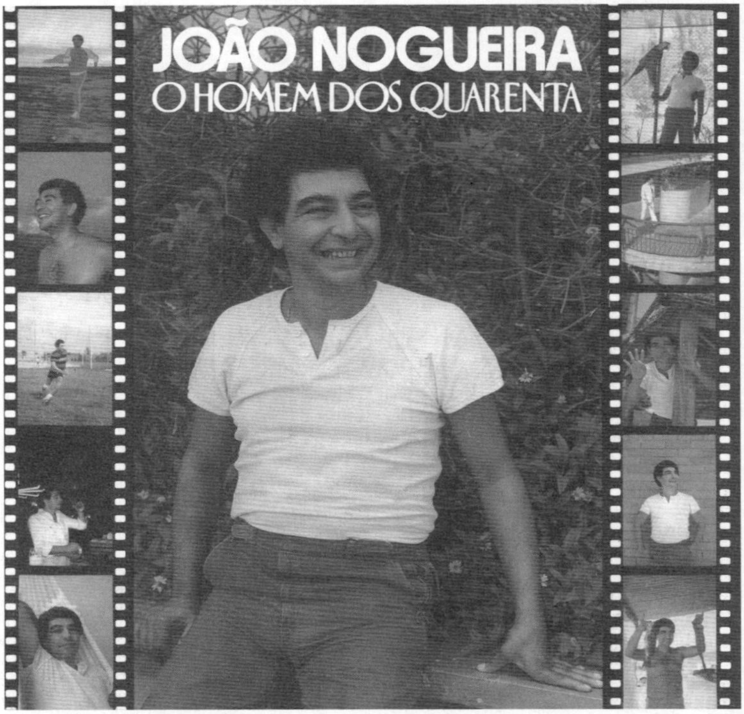

O HOMEM DOS QUARENTA – POLYDOR / POLYGRAM
Capa: Mariano Martins
Fotos: Roberto Vieira Garcia

9 O HOMEM DOS QUARENTA 1981

GRAVADORA – POLYDOR / POLYGRAM
PRODUÇÃO – PAULO CÉSAR PINHEIRO
E JOÃO AUGUSTO

MÚSICAS

- 01 - O HOMEM DOS QUARENTA
João Nogueira | Paulo César Pinheiro

- 02 - MEU DENGO
Luiz Grande

- 03 - BESOURO DA BAHIA
João Nogueira | Paulo César Pinheiro

- 04 - PIMPOLHO MODERNO
Nelson Cavaquinho | Gerson Filho

- 05 - TRANSFORMAÇÃO
Jurandir da Mangueira | João Vieira

- 06 - MINHA MISSÃO
João Nogueira | Paulo César Pinheiro

- 07 - DINHEIRO NENHUM
João Nogueira | Ivor Lancellotti

- 08 - JURAMENTO FALSO
J. Cascata | Leonel Azevedo

- 09 - COISA RUIM DEMAIS
João Nogueira | Ivor Lancellotti

- 10 - TEMORES
João Nogueira | Toquinho

Em mais uma gravação para a Rádio JB, 1982

Em novembro, oito meses depois de concluir *Wilson, Geraldo, Noel*, João voltou ao estúdio da PolyGram. No dia 12 daquele mês estava completando 40 anos. Tinha passado boa parte de 1981 encasquetado com a mudança de década, com a entrada nos "enta." Mais do que o declínio da saúde, temia a ascensão do ridículo. Conversava com Paulinho Pinheiro sobre os homens que passam a frequentar a academia de ginástica, pintar o cabelo, usar roupa de garotão e até se precaver quimicamente contra falhas hidráulicas no sexo.

– Será que vou entrar numa de diminuir a birita, parar com cigarro, fazer check-up? – perguntou ao parceiro.

Ciente de que essas missões eram impossíveis para João, notório muito mais por seus excessos na boemia do que pela temperança, Paulinho propôs que fizessem um samba ironizando os tais quase senhores que cismam de ser eternos rapazes. Transformando preocupação em gozação, o amigo tocaria melhor a vida dali para a frente. João adorou a ideia e logo apareceu com um início de melodia. Juntos, os dois compuseram "O homem dos quarenta", título do disco que o cantor acabaria de gravar em dezembro. Uma das estrofes dizia: "Procura de toda a maneira mostrar boa-pinta/ Que é pra parecer ter menos de trinta/ E faz pose até pra jogar futebol/ Já diminuiu com bravura o seu birinaite/ E agora só fuma cigarro ultralight/ Que é pra regular o seu colesterol."

Para completar a brincadeira, entre as 11 fotos postas na capa, há uma em que ele está de *jogging* correndo na praia; em outra, joga futebol com a camisa do Flamengo; e ainda está sem camisa em duas, mostrando estar em forma. No show que realizou em 1982, no Teatro Clara Nunes, na Gávea, para lançar *O homem dos quarenta*, João adentrava o palco também de *jogging*, correndo, e cantava seu samba divertido.

Ele tinha seus motivos para estar contente com o trabalho. Convencera Paulinho a voltar a produzi-lo. Para ajudar o parceiro, foi chamado João Augusto, um jovem de apenas 26 anos, ex-programador da Rádio Nacional FM e que, em seguida, seria convidado por Roberto Menescal para assumir a direção artística da PolyGram – depois comandaria a EMI e abriria sua própria gravadora, a Deckdisc. Ele tinha Paulinho como ídolo na composição e na produção, graças aos trabalhos feitos com João e Clara na Odeon.

E o segundo grande trunfo do LP – além da faixa-título, que tocou bem nas rádios – já estava circulando na voz de Clara. Ela gravara no mesmo ano, no disco *Clara*, o capítulo final da "Trilogia do alumbramento", batizado de "Minha missão." Agora, dando continuidade ao que os últimos versos de "Poder da criação" indicavam, o artista já aparece soltando a voz diante de seu público.

A música nasceu de uma quadra avulsa que Paulinho escrevera: "Quando eu canto, a morte me percorre/ E eu solto um canto da garganta/ Que a cigarra quando canta morre/ E a madeira quando morre canta." Entregara a Mauro Duarte, mas a melodia do "Bolacha" não lhe agradara. Recomeçou por conta própria e mostrou depois a João, que concluiu a melodia, fornecendo a base para a conclusão da letra e de uma das criações mais famosas da dupla. Mesmo com a versão de Clara tão próxima, o autor quis dar a sua.

E as opções de repertório não estavam jorrando. Com Paulinho foi feita

mais uma, "Besouro da Bahia", nova canção em homenagem a uma das obsessões do letrista, o capoeirista Manoel Henrique Pereira (1895-1924), o Besouro Cordão de Ouro, ou Besouro Mangangá, baiano lendário que, apesar da fama de corpo fechado que o fazia enfrentar a polícia e qualquer desafeto, acabou morrendo após ser apunhalado pelas costas. Em "Lapinha", parceria com Baden Powell que foi seu primeiro grande sucesso, na voz de Elis Regina, o compositor já tratara do personagem, mais tarde tema de toda uma peça de teatro sua. Na música feita com João, gravada com um berimbau na abertura, o refrão era o mesmo de "Lapinha", reproduzindo

João à vontade em casa

canto da época de Besouro: "Quando eu morrer/ Me enterre na Lapinha/ Calça, culote, paletó, almofadinha."

Com Ivor Lancellotti, João fez duas de estilos diferentes. "Dinheiro nenhum" era um samba de ambiência boêmia inspirado numa pergunta que o cantor fazia muito quando queria saber se haveria cachê no show para o qual estava sendo convidado, inclusive os do bar Via Veneto, de Niterói, que tinha Lancella como programador: "Dinheiro nenhum ou vai sair algum?" Já "Coisa ruim demais" nasceu de uma queixa do parceiro, frustrado com o desinteresse de uma jovem por sua pessoa.

– Pega um táxi que nós vamos acabar com essa mulher – convocou João.

Lancella se mandou de Niterói para a distante Barra da Tijuca a fim de conferir o serviço de descarrego. Como João não brincava na hora de ser cruel, saíram versos como "Teu corpo tem cheiro de sangue/ Teus lábios têm gosto de fel/ Teu peito tem lodo do mangue/ Princesa dos quartos de hotel." A interpretação foi acompanhada apenas de piano e violão, para machucar mesmo.

João ainda incluiu uma composição a quatro mãos, feita com Toquinho, que no ano anterior perdera seu letrista, amigo e mestre, Vinicius de Moraes. "Temores" é um samba em tom menor, ao gosto dos dois autores, mas com final otimista: "No ganhar ou perder/ Eu sei que o amor reviverá."

O restante João foi buscar na produção alheia. Luiz Grande não podia faltar: "Meu dengo" era mais um samba de gírias e sacolejos, bem suburbano. Já "Transformação" era da lavra de Jurandir da Mangueira, um dos maiores vencedores de sambas-enredo de sua escola, coautor de "Yes, nós temos Braguinha", de 1984; "Cem anos de liberdade – Realidade ou ilusão", de 1988, e outros clássicos da avenida. Mas "Transformação" era "de meio de ano", "de terreiro", ou seja, não feito para desfiles. E, de fato, consagrou-se nas rodas do Rio com sua melodia e letra inspiradas: "Quando eu me lembro daqueles olhos tristonhos/ Sinto até vontade de chorar."

Outro mangueirense ilustre entrou no disco, e também de modo heterodoxo. O Nelson Cavaquinho de "Pimpolho moderno" não era o trovador das mortes e dos mangues, o assumido "dono das calçadas" que João não só amava como com ele dividia copos e madrugadas. Era um Nelson gozador, falando de um menino de cinco anos que já queria fumar, fazer samba e arrumar mulher. Olhando-se bem, não deixava de ser um Nelson legítimo.

E João foi até o repertório de Orlando Silva buscar "Juramento falso", samba lento, de vocabulário antigo ("Foi sonho que feneceu"), aqui chorado pelo bandolim de Joel Nascimento.

Para lançar *O homem dos quarenta* João Augusto pensou grande. Escalou sua mulher, a jornalista Monica Ramos, para produzir um evento que começou na Central do Brasil, onde cantor, músicos, amigos e gente da imprensa lotaram um vagão de trem rumo a Madureira, todos cantando o repertório de João Nogueira. Ao desembarcar, atravessaram a passarela rumo ao Cine Show Madureira, cujas poltronas já estavam lotadas por uma plateia que comprara ingressos para aquele show especial. A apresentação foi um sucesso, mas a noite terminou mal: três homens armados invadiram a bilheteria e levaram toda a renda do espetáculo. Ao menos, ninguém se machucou. Depois veio a temporada no Clara Nunes, com o pianista Cristovão Bastos na direção musical ("signore maestro" era como João o chamava) e o violonista Raphael Rabello como convidado.

Não ficaram guardados os números de vendas de *O homem dos quarenta*" mas João Augusto não acredita que tenha sido menos do que discos anteriores do cantor. Ainda assim, chegava ao fim o ciclo de João na PolyGram, iniciado em grande estilo e terminado de maneira tímida. Ele não gravaria outro LP em 1982 e desembarcaria em outra gravadora no ano seguinte, mais uma vez batalhando para não deixar o samba (seu e dos outros) morrer.

João em retrato do início dos anos 1980

BEM TRANSADO – RCA
Direção de arte: Rubén P. Jimenez
Fotos: Milton Montenegro

10 BEM TRANSADO 1983

GRAVADORA – RCA
PRODUÇÃO – PAULO CÉSAR PINHEIRO

MÚSICAS

- 01 - SE SEGURA, SEGURANÇA
João Nogueira | Edil Pacheco | Dalmo Castelo
- 02 - SAPATO DE TRECÊ
João Nogueira | Nonato Buzar
- 03 - RETRATO DE SAUDADE
Raphael Rabello | Paulo César Pinheiro
- 04 - OUTROS TEMPOS
João Nogueira | Ivor Lancellotti
- 05 - CARICA DE CORAÇÃO
Nonato Buzar | Pitty Mello
- 06 - CLUBE DO SAMBA
João Nogueira
- 07 - SONHOS DE UMA NOITE DE VERÃO
Reginaldo Bessa | João Nogueira
- 08 - LUA COM LIMÃO
Claudio Cartier | Paulo César Feital
- 09 - DOIS DOIS
Dadinho | Mateus | Clóvis
- 10 - COMO SERÁ? (ANO 2000)
Padeirinho

João posa em 1983

Pelo menos três fatos marcaram o 1983 de João: a ida para a RCA (futura BMG e depois incorporada ao grupo Sony), a morte de Clara Nunes e a mudança do Clube do Samba para a Barra da Tijuca.

Apesar dos resultados decrescentes na PolyGram, João não era um mau vendedor de discos. Caso contrário, não teria sido contratado por outra multinacional, à época dirigida artisticamente por Hélcio do Carmo, mas que em 1984 já estaria sob o comando de Miguel Plopschi, um executivo e músico de olhos sempre voltados para números e sucessos, tendo sido, por assim dizer, o mentor da dupla de compositores populares que marcaria aquela década: Michael Sullivan e Paulo Massadas. "João era um artista de ponta dentro do segmento dele", afirma Plopschi, cuja gravadora de então tinha Martinho da Vila, Beth Carvalho e Alcione em seu elenco.

Em 2 de abril, após quase um mês de agonia da amiga por conta de um choque anafilático sofrido durante uma cirurgia de varizes, João perdeu Clara. "Era a mulher que alegrava qualquer ambiente. Quando subia no palco, ficava com dois metros de altura. Tenho orgulho de tê-la homenageado antes de ela partir", disse João a Fernando Faro no programa *Ensaio*, da TV Cultura, em 1992.

A homenagem foi no calor da hora, pouco depois da morte. Alcione leu em *O Globo* a expressão "ser de luz", cunhada pelo colunista Artur da Távola para se referir a Clara, e comentou com João. Após uma missa ecumênica

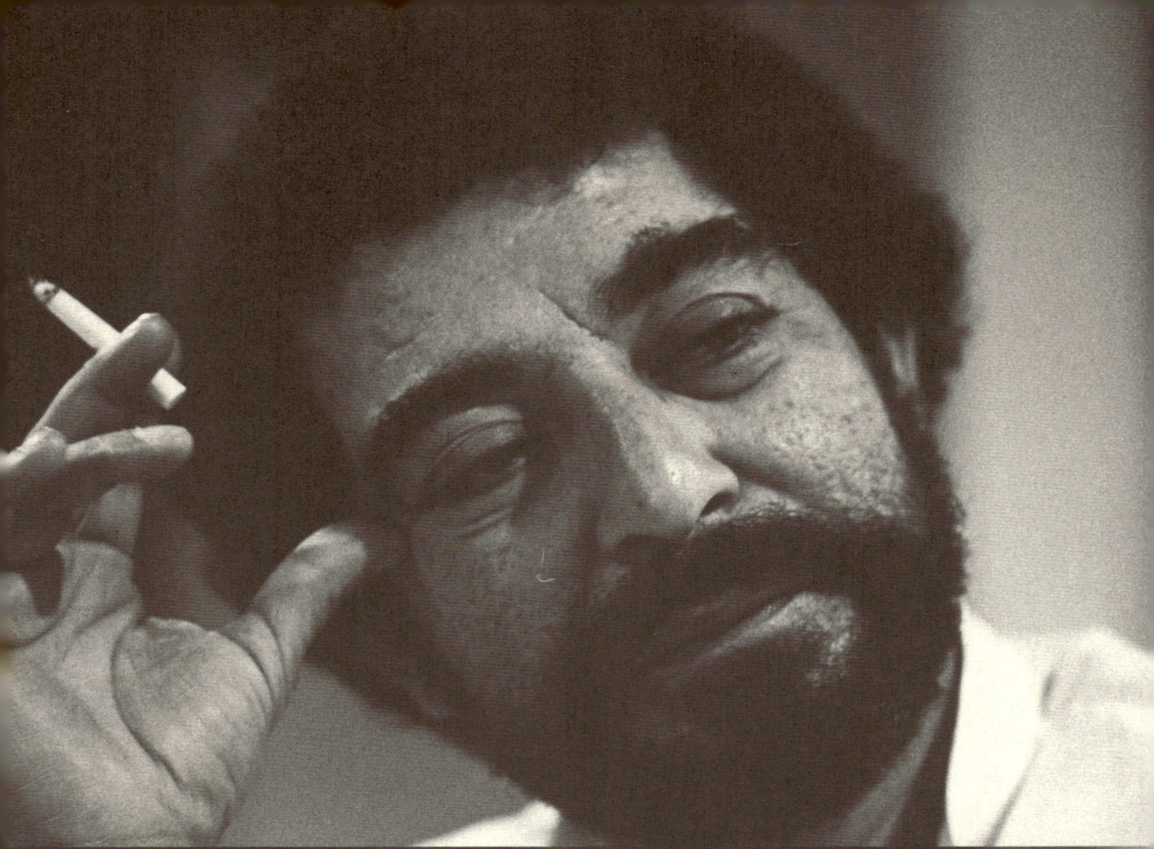

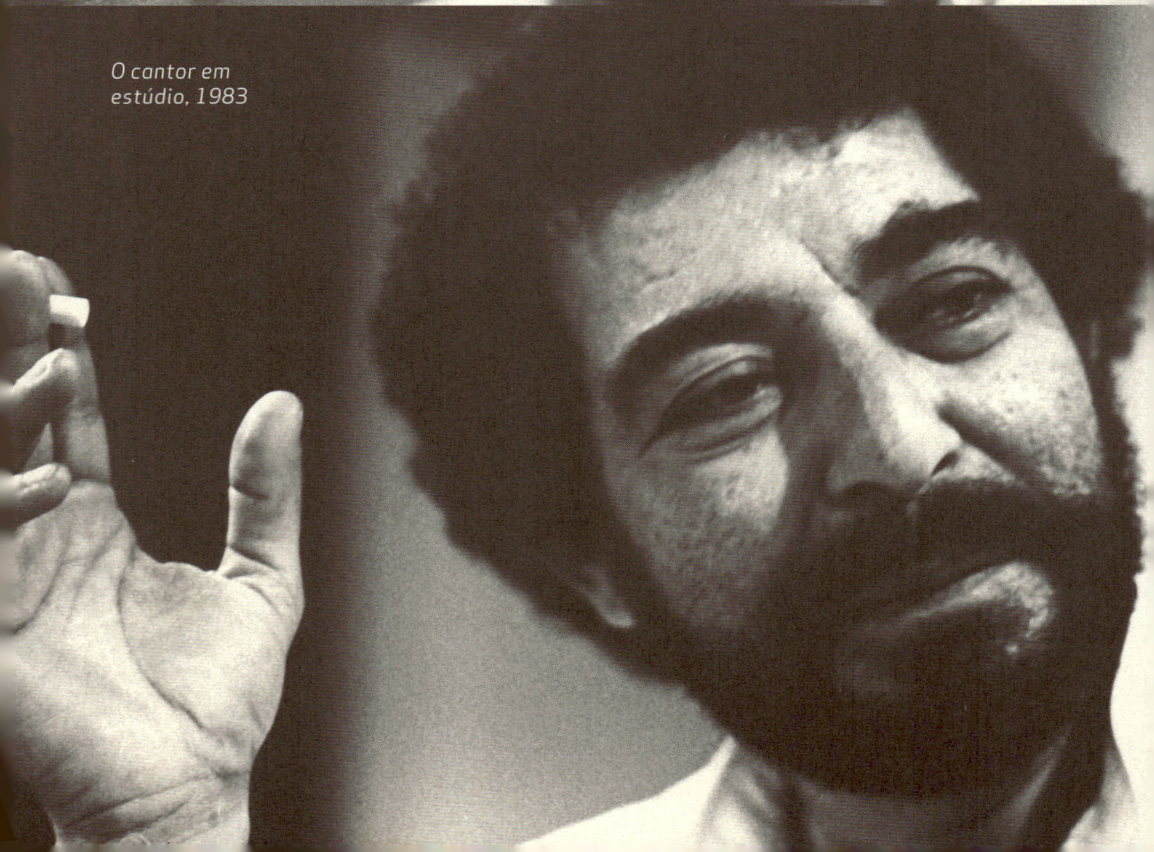

O cantor em estúdio, 1983

realizada na Portela, várias pessoas foram comer em Jacarepaguá, e Mauro Duarte mostrou um início de samba dedicado à cantora. Faltava o letrista preferido dos dois para concluir o trabalho. Mas que condições Paulo César Pinheiro, marido de Clara, teria para escrever algo? Ele até ficou ofendido com a sugestão. Sucumbiu, porém, diante de um argumento de João:

– Se não fizer, vão fazer uma cambada de samba ruim e você vai ter que aturar. Ninguém vai se atrever a arriscar um samba depois do teu.

Convencido, Paulinho escreveu a letra, e a canção foi batizada de "Um ser de luz." João ligou para Alcione:

– Faz um macarrão pra mim que eu vou te mostrar um samba.

Comeram cantando e chorando. Alcione gravou, e a música fez um enorme sucesso. João só daria sua versão 11 anos depois.

Quando ele compôs "Clube do Samba" para propagar seu empreendimento, Clara ainda estava viva. "A Dona Ivone Lara/ Me disse que a Clara/ Está muito bem", conta a letra do partido-alto, gravado em duo com Martinho, também citado nos versos e que chamava o público num improviso: "Quem ainda não pintou tem que pintar." Mas a cantora já não pôde participar da inauguração da nova sede do clube, em 13 de maio, a data oficial da libertação dos escravos.

O acordo com os sócios previa shows frequentes deles, com cachês apenas para os músicos acompanhantes, a fim de atrair renda para a casa, cuja manutenção era muito cara. O terreno era sublocado de um homem com quem João logo teria problemas, e a inflação galopante desmoralizava as tentativas de controle de gastos. Amigos e parentes ressaltavam a necessidade de um empresário, pois artistas não costumam ser bons administradores, mas o fundador do clube insistiu até chegar à bancarrota.

Em 1983, no entanto, o público ainda era grande, muito grande. Se não estivesse em shows fora do Rio, João marcava presença – inclusive, liberando o consumo de amigos e não tão amigos, cortesia prejudicial às finanças. Morava perto, estava estabelecido no Recreio dos Bandeirantes, numa casa que continuava em expansão, na via 9, mais tarde avenida Alfredo Baltazar da Silveira. O hino "Clube do Samba" tocava no lugar-título e na cidade, tornando-se o carro-chefe de *Bem transado*, o primeiro LP feito na RCA.

O disco marcou a entrada de novos nomes no time de compositores. A partir de então, o baiano Edil Pacheco, o maranhense Nonato Buzar e o carioca Paulo César Feital seriam assinaturas frequentes dos trabalhos de João.

Na gravação do disco
Bem Transado, *1983*

Ouvindo no rádio "Sonho de bamba" e outros sambas, Edil se tornara fã do compositor, a quem conheceu na década de 1970 numa festa da EMI-Odeon em Salvador. Como sempre passava uma temporada no Rio mostrando suas criações para intérpretes como Clara, Alcione e Roberto Ribeiro, aproximou-se de João, indo com ele ao campo de Chico Buarque, por exemplo, e ao Maracanã. Os dois foram juntos ao estádio num dia em que Diogo Nogueira estava para nascer.

– Põe João Nogueira Filho – propôs Edil.

– Vem da Bahia e ainda vai botar nome no meu filho – rechaçou o pai de quarta viagem.

Foi ainda no apartamento do Barramares que o baiano participou da feitura do samba que abriria o repertório de *Bem transado*. Os dois e Dalmo Castello, parceiro de Cartola em "Corra e olha o céu" e "Disfarça e chora", tentavam havia horas compor alguma coisa. Faziam barulho, mas não faziam boa música. Quando passou das 22h, o interfone tocou. Era o segurança avisando que vizinhos estavam reclamando daquele alarido no 10º andar.

– Fala para ele se segurar aí – disse João à mulher, Ângela.

– Se segura que ele está brabo – repassou ela o recado, acrescentando palavras ameaçadoras.

Batido o interfone, o tema se instalou e o samba, enfim, começou a ser feito: "A segurança telefonou/ Pedindo pro samba daqui parar/ A minha mulher retrucou/ Sorriu e pediu por favor/ Pra segurança se segurar." O arremate de "Se segura, segurança" foi feito depois, chegando a disco em mais um arranjo de Geraldinho Vespar, com direito a som de telefone.

Bem transado, aliás, marcou a volta do violão de Helio Delmiro aos LPs de João. A seu lado, o violão de sete cordas do jovem Raphael Rabello. E outros grandes músicos: Luizão Maia, Carlinhos do Cavaco, Mané do Cavaco, Robertinho Silva, Wilson das Neves, Gordinho e o trio de tamborins Luna, Marçal e Eliseu.

A parceria com Nonato Buzar, autor de músicas com Chico Anysio, Wilson Simonal e muitos outros, foi concebida graças à facilidade geográfica, mas o começo foi custoso. Sabendo que o maranhense morava no Recreio, João foi bater à sua porta:

– Você é o Buzar? Tem alguma música pra eu pôr letra?

Ele tinha, mas melodia e versos não funcionaram.

– Nós merecemos coisa melhor – diagnosticou Buzar, antes de rasgar literalmente a letra.

Tempos depois ele mostrou uma canção toda pronta. Foi a hora de João se vingar: rasgou a letra e fez outra, dando origem a "Sapato de trecê", uma das faixas mais bem-sucedidas do LP, samba dolente ideal para o cantor.

Buzar emplacou mais uma, esta feita com Pitty Mello. "Carica de coração" era um samba-exaltação ao Brasil e, principalmente, ao Rio: "Tem Portela, tem Mangueira/ Ipanema a vida inteira."

Já Feital entrou aos 46 minutos do segundo tempo. João lhe disse que o repertório estava fechado, mas "Lua com limão" o encantou tanto que ele resolveu gravar. Havia até um componente afetivo: a música, espécie de samba-enredo, fazia parte de uma ópera popular criada pelo letrista e que tinha, entre seus personagens, um inspirado em João. A melodia era de Claudio Cartier, para quem Feital fez dezenas de letras até seus 28 anos, incluindo a de "Saigon."

Ivor Lancelloti se fez presente mais uma vez. "Outros ventos" era uma parceria com acento nordestino, de alegria cativante, embora com um travo no final da letra algo nostálgica: "Agora o mundo é assim/ A bomba sempre a ameaçar/ A guerra já não tem mais fim/ Quem vai acender o estopim?"

Paulinho Pinheiro assinou apenas uma composição, além da produção do disco. Samba-canção com melodia de Raphael Rabello, futuro cunhado do letrista, "Retrato de saudade" trata da ausência permanente e dolorosa do grande amor, história que Geraldinho revestiu de cordas.

Nostalgia, saudade até do que não se viveu é o que também perpassa "Sonhos de uma noite de verão", letra de Nei Lopes para o samba de Reginaldo Bessa. Foi o melodista quem mostrou a João a música, que recebeu outras gravações.

O cantor também se aventurou numa sinuosa mistura de samba rural com samba urbano, chamada "Dois dois" e registrada com o acompanhamento de crianças. E encerrou o disco voltando a cantar o mangueirense Padeirinho, que ainda estava vivo (morreu em 1987) para saborear a nova e especial versão de "Como será? (Ano 2000)." O samba dizia que "Daqui para o ano 2000/ Ninguém sabe como será", e, por triste coincidência, João morreria exatamente no ano 2000. Mas havia muita luta para se lutar até lá.

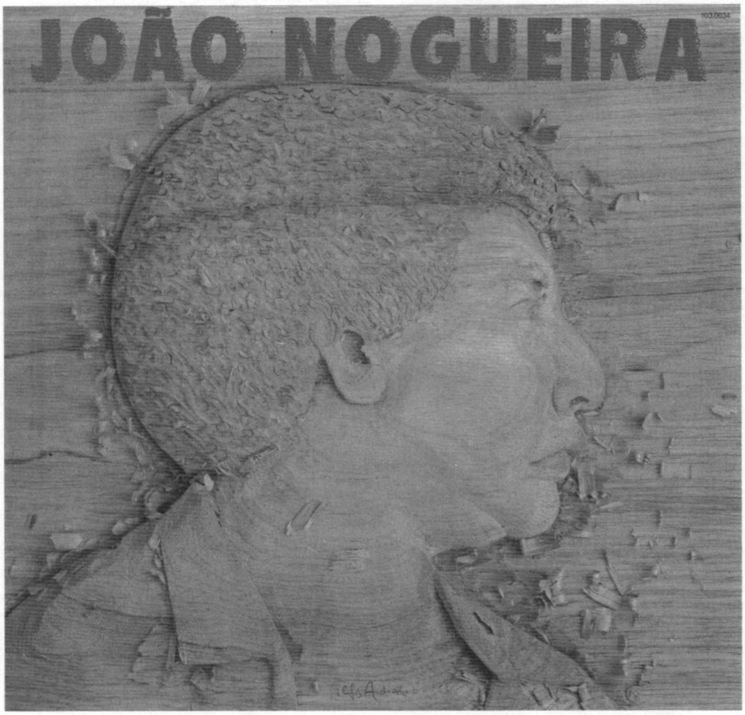

PELAS TERRAS DO PAU-BRASIL – RCA
Capa: Paulo César Pinheiro e Elifas Andreato
Fotos: Alexandre Sardá

11 PELAS TERRAS DO PAU-BRASIL 1984

GRAVADORA – RCA
PRODUÇÃO – PAULO CÉSAR PINHEIRO

MÚSICAS

- 01 - XINGU
João Nogueira | Paulo César Pinheiro
- 02 - NA BOCA DO MATO
Luiz Grande
- 03 - MEL DA BAHIA
João Nogueira | Edil Pacheco
- 04 - NOS TEUS OLHOS
João Nogueira | Nonato Buzar
- 05 - ANUNCIANDO O SOL RAIAR
Jurandir da Mangueira | Claudio
- 06 - VOVÔ SOBRAL
João Nogueira | Paulo César Pinheiro
- 07 - CHICO PRETO
João Nogueira | Paulo César Pinheiro
- 08 - DOIS DE DEZEMBRO - DIA DO SAMBA
João Nogueira | Nonato Buzar | Paulo César Feital
- 09 - MEU LOUCO
João Nogueira | Paulo César Feital
- 10 - SEGREDO
Herivelto Martins | Marino Pinto

O sambista durante o show Brasil 84, *Apoteose, 1984*

A Portela perdera parte importante de seu corpo em 1975, quando Candeia, inconformado com as decisões do banqueiro do jogo do bicho Carlinhos Maracanã, saiu para fundar o Quilombo, movimento cultural e social representado por uma escola de samba que desfilava sem competir. Portelenses como Monarco e Wilson Moreira estiveram com Candeia nessa jornada.

Em 1984 foi a vez de Nézio Nascimento, filho do lendário bicheiro Natal, morto em 1975, romper com Maracanã e criar outra agremiação, que seria competitiva. Impedido de chamá-la de Portela Tradição, adotou apenas o nome Tradição. Embora criada em 1º de outubro, a escola resolveu correr para disputar no ano seguinte o título do último grupo de acesso, o das iniciantes. Nézio procurou João e Paulinho Pinheiro, também descontentes com a Portela, em busca de um enredo. Eles achavam praticamente inviável levantar um carnaval em tão pouco tempo. Mas o letrista teve uma ideia: inverter o convencional e desenvolver o desfile a partir de um samba já pronto. A música era "Xingu", faixa de abertura do disco que João estava concluindo para lançar em novembro e cujo título era uma expressão extraída da letra: "Pelas terras do pau-brasil." O símbolo da escola, semelhante à águia portelense, também estava nos versos: "condor, o pássaro guerreiro."

Segundo Paulinho, o parceiro lhe deixara pedaços de melodia, que ele viu formarem um samba-enredo. O tema estava na ordem do dia: a luta dos povos do Xingu pela demarcação das terras indígenas na região, cumprida pelo então ministro do Interior, Mário Andreazza, apenas após forte mobilização liderada pelo cacique txucarramãe Raoni. O samba de exaltação aos índios foi concluído e mostrado a um entusiasmado João, que o transformou no carro-chefe de seu LP, com Geraldinho Vespar dobrando na mixagem os instrumentos de percussão a fim de parecer uma bateria de escola de samba. Foi também a primeira das cinco composições consecutivas que faria com o parceiro para a Tradição, alçando-a ao Grupo Especial.

João e Paulinho levaram ao carnaval outra história que protagonizava o noticiário: o célebre advogado e jurista Heráclito Sobral Pinto, então com 90 anos, se tornara um dos símbolos da campanha pela volta das eleições diretas para presidente da República, causa que o fazia visitar vários cantos do país. Para fugir do tributo óbvio, a dupla criou uma marchinha a ser cantada com coro infantil, as crianças homenageando o "Vovô Sobral", como a música foi intitulada. Ela foi escolhida tema do bloco do Clube do Samba para 1985, na avenida Rio Branco.

O problema foi reunir as duas histórias numa só festa de lançamento de disco. João teve a ideia de promover um encontro entre Sobral Pinto e Raoni – acompanhado de outras quatro lideranças indígenas – no campo de Chico Buarque, o Polytheama. O advogado, que só se vestia de preto em sinal de luto pela morte de uma filha em 1956, sofreu com o calor infernal. Os índios, como relata Paulinho no livro *Histórias das minhas canções*, sofreram ao passar de carro num túnel, pois entrar sob a terra significava caminhar para o mundo dos mortos, e também ao deparar com carne salgada e uísque, uma vez que ambos não eram do costume indígena. Ao final, todos sobreviveram, ainda que a ideia de João tenha se tornado mais anedótica do que brilhante.

Se dependesse do cineasta Ipojuca Pontes, muito mais conhecido pelo papel que exerceu como secretário de Cultura do governo anticultura de Fernando Collor do que pelos filmes que realizou, o brilho de "Chico Preto" teria ficado para sempre desconhecido. Ao ouvir o samba que João e Paulinho compuseram para seu filme *Pedro Mico*, ele o recusou porque queria Pelé, que fazia um bico como intérprete do personagem-título e era chegado a compor umas coisas, estabelecendo uma parceria com João. O artista da música explicou que o outro era só artista da bola, e foi-se embora. Paulinho precisou apenas trocar "Pedro Mico" por "Chico Preto" para dar o samba como pronto. Mais um que entrou em *Pelas terras do pau-brasil*.

João ergue bandeira do samba para reportagem em 1984

O trio de compositores que aparecera no disco anterior também entrou. Desta vez, foi na Bahia, e não na Barra da Tijuca, que surgiu inspiração para Edil Pacheco e João. Em visita a Salvador, o carioca foi com o parceiro ao Mercado Modelo, mas o lendário Camafeu de Oxossi tinha alugado seu restaurante para um português. "Não viu Camafeu?/ Não foi à Bahia/ Falou Jorge Amado", escreveu João numa letra que também citava Batatinha, Dorival Caymmi e Mãe Menininha do Gantois, além de usar o verbo "bahiar." Por causa desta canção, "Mel da Bahia", o cantor foi convidado a participar da reinauguração do mercado após o incêndio de 1984, o quinto de sua história. No arranjo de Magro, do MPB-4, não faltou o berimbau, tocado por Wilson das Neves.

Buzar foi coautor de uma canção de amor, "Nos teus olhos", que começava triste e terminava esperançosa: "Pois quando eu te vejo, querida/ Eu volto a sonhar." Cristovão Bastos cuidou do piano e da orquestração das cordas.

Em outra faixa, João contou com o apoio de Buzar e, também, de Paulo César Feital. Na casa de João, tentavam compor juntos uma homenagem a "Dois de dezembro – Dia do Samba", mas melodia e letra avançavam lentamente, ao contrário da sede e do cansaço. Feital acabou por concluir a letra enquanto o par de amigos dormia.

Já "Meu louco", criação apenas de João e Feital, foi fruto de mais reflexão. O letrista ouviu o parceiro falar no louco que ele possuía dentro de si, que o levava a abusar de emoções, horários, da própria saúde. Feital, que convivia com seu próprio louco, como a maioria das pessoas saudáveis também convive, procurou traduzir a angústia em versos: "Deus, era tão pouco espaço/ Entre a loucura e o cansaço/ E ele fingia que era eu/ E quando eu resistia/ Ele chegava e insistia/ Que eu já era seu/ Fala, meu louco malvado/ Deixa meu corpo de lado/ Eu vou ser feliz, adeus."

Raphael criou um arranjo com violinos e a participação do flautista Altamiro Carrilho, grande nome do choro. O violonista chamaria Carrilho e, também, o pianista, mestre e maestro Radamés Gnattali para "Segredo", a versão de João para um dos maiores sucessos de Dalva de Oliveira. A faixa, de extrema simplicidade e sofisticação, com o cantor deslizando nos graves, encerrou o disco.

Mas *Pelas terras do pau-brasil* ainda teve dois sambas de estilos adorados por João. "Na Boca do Mato", além de ter no título uma região do Rio de Janeiro vizinha ao Méier, foi o primeiro samba sincopado de Luiz Grande que ele ouviu. Milton Manhães o cantava nas viagens que a Bandola fazia lá pelos meados dos anos 1970. Foi por gostar de "Corcoveei", como chamava a música por causa de seu verso inicial, que quis conhecer seu autor, tornando-se amigo e intérprete dele. E Jurandir da Mangueira voltou ao repertório com outro samba de meio de ano, desses que os componentes da escola cantam fora do carnaval e sempre. Na percussão da faixa, um time de feras: Gordinho, Marçal, Eliseu, Gilberto e Cuscus. Nesse ritmo, João continuava bem.

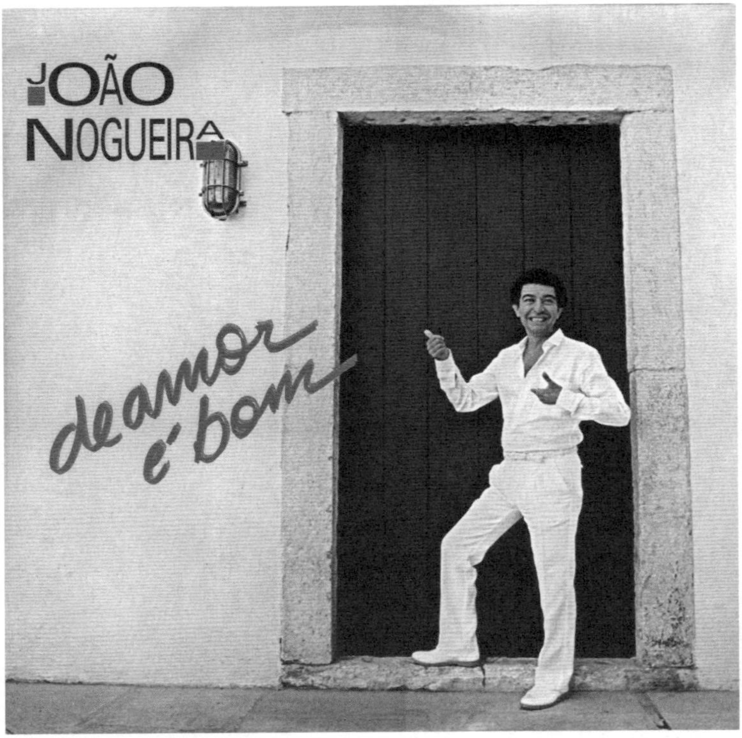

DE AMOR É BOM – RCA
Capa: A. Teixeira e Valério do Carmo
Fotos: Evandro Teixeira e Almir Veiga

12 DE AMOR É BOM 1985

GRAVADORA – RCA
PRODUÇÃO – PAULO CÉSAR PINHEIRO

MÚSICAS

- 01 - DE AMOR É BOM
João Nogueira | Edil Pacheco

- 02 - PIMBA NA PITOMBA
Luiz Grande

- 03 - JORNAL CANTADO
João Nogueira | Paulo César Feital

- 04 - TERRA GIRA
João Nogueira

- 05 - BEN-HUR DOS MACACOS
Claudio Cartier | Aldir Blanc

- 06 - REI SENHOR, REI ZUMBI, REI NAGÔ
João Nogueira | Paulo César Pinheiro

- 07 - CHAVÃO
Baden Powell | Paulo César Pinheiro

- 08 - É DISSO QUE O POVO GOSTA
Carlinhos Vergueiro

- 09 - ALÔ, RIO
João Nogueira | Ivor Lancellotti

- 10 - RANCHO DA NATUREZA
Mauro Duarte | Paulo César Pinheiro

*João Nogueira,
começo dos
anos 1980*

Entre 11 e 20 de janeiro de 1985 aconteceu o Rock in Rio, o maior festival de música já realizado no país. As multidões que foram à chamada Cidade do Rock, em Jacarepaguá, simbolizavam a demanda reprimida por eventos de massa, por nomes fortes da indústria cultural que raramente vinham ao Brasil, e por respirar liberdade. Foi durante o evento, no dia 15, que Tancredo Neves se elegeu presidente, pondo fim, ainda que sem a ruptura sonhada das eleições diretas (mas através de um colégio eleitoral), a 21 anos de regime militar.

O festival foi a melhor tradução do ótimo momento comercial do pop rock, hegemônico em quase todo o mundo, mas que no Brasil, salvo alguns momentos de Rita Lee e Raul Seixas, ainda não consumara seu potencial. Em 1985, porém, Blitz, Barão Vermelho, Lulu Santos, Lobão, Titãs, Paralamas do Sucesso e Kid Abelha & Os Abóboras Selvagens já disputavam o topo das paradas de sucesso. No ano seguinte, seria a vez da Legião Urbana e do RPM – que logo ultrapassou a marca de 1 milhão de cópias vendidas.

Em "Jornal cantado", parceria com Paulo César Feital incluída no disco que gravou naquele ano, João dava seu recado: "Inventaram a borracha da cultura/ E apagaram a memória nacional/ Deram um rabo de arraia na estrutura/ Dança rock no país do carnaval." Apesar do lamento, o segmento pop da indústria engordara para não mais perder força, aqui e no exterior, e era ele, massivo por definição, que os conglomerados financeiros viam

LADO A

DE AMOR É BOM
Edil Pacheco / João Nogueira

PIMBA NA PITOMBA
Luiz Grande

JORNAL CANTADO
João Nogueira / Paulo Cesar Feital

TERRA GIRA
João Nogueira

BEN-HUR DOS MACACOS
Cartier / Aldir Blanc

Verso do LP
De amor é bom,
de 1985

Direção Artística: Miguel Plopschi
Produção Executiva: Paulo Cesar Pinheiro
Arranjos e Regências: Hélio Delmiro
Técnico de Gravação e Mixagem: Dalton Rieffel
Auxiliares: Mauro Moraes - Luiz Carlos (Liu) - J. Sartori (Magro)
Montagem: Esveraldo Ferreira
Manutenção do Estúdio: Ricardo Luppi - Walker Caputto - Chaffar Hammury
Supervisão: Edeltrudes Marques (Dudu)
Corte: José Oswaldo Martins
Supervisão de Áudio: Gunther J. Kibelkitis
Arregimentação: Gilberto D'Ávila
Assistente de Produção: Genilson Barbosa
Supervisão Gráfica: Tadeu Valério
Fotos: Evandro Teixeira e Almir Veiga
Capa: A. Teixeira / Valério do Carmo
Arte-Final: Vittore Talone

como capaz de dar os lucros desejados, e não o samba e outros gêneros de maior refinamento.

O LP *De amor é bom* trazia na contracapa um bilhete assinado pelo cantor:

"No momento em que a esperança é a nossa principal parceira e todos nós acordamos certos de dias melhores, nada mais justo que cantar o amor.

É por isso que vou de 'De amor é bom'.

Assim é melhor viver!"

A inclinação política do disco não ia muito além disso, mas a capa trazia a inscrição "Made in Brasil", selo da militância cultural do cantor. Também havia comentários sociais em uma ou outra música, como na citada "Jornal cantado", cuja letra de Feital – escrita sobre melodia entregue em fita por João nos camarins do Clube do Samba, de onde o poeta era diretor artístico – reproduzia o espírito violento dos jornais populares. João dizia preferir mesmo, naquele momento, exaltar o amor, e transcrevia juntamente com o bilhete a letra da faixa-título, um ijexá composto com o amigo baiano Edil Pacheco.

Em seu último disco, *Nação*, de 1982, Clara Nunes tinha gravado um exemplar explícito do gênero, "Ijexá", este feito apenas por Edil. O compositor estava com Clara e Paulo César Pinheiro acompanhando em Salvador a festa da lavagem da Igreja do Senhor do Bonfim do alto do trio elétrico do Ara Ketu, e disse ao casal que faria uma canção para o bloco. Criou um refrão, mas decidiu mais tarde que os versos precisavam de outra melodia. A original e a letra de "De amor é bom" ele desenvolveu com João. "É bom a gente ter o que ninguém pode ganhar/ Saber o que será o dia de amanhã/ Comer, beber, dormir, sonhar/ E ser um *bon vivant*", registrou o cantor, com conhecimento de causa. A música, a mais tocada do LP, ganhou mais versões, de Agepê, em 1992, a Elisa Addor, em 2011.

A letra da oitava faixa, "É disso que o povo gosta", tinha sua afinidade com a primeira. "Tem que comer/ Tem que beber/ Tem que poder acreditar/ Que um dia vai mudar", dizia o refrão criado por Carlinhos Vergueiro. O compositor paulistano radicado há muito no Rio mostrara esse samba e um outro para Roberto Ribeiro. João estava na mesma mesa de um bar da Barra da Tijuca. Roberto não gravou e João, ao encontrar por acaso Carlinhos numa esquina do Leblon, comunicou:

– Gravei o seu samba.

Ele não pedira a letra ao autor. Guardara tudo na cabeça. Quem o conhecia bem sabia dessa sua capacidade, assim como de se lembrar muitas vezes (não sempre) de pedaços de música criados durante a boemia. "O que é bom, volta", era seu lema.

Quem voltou na condição de arranjador de todo o disco foi Helio Delmiro. Geraldinho Vespar, cuidando da direção musical das novelas e programas da TV Globo, não tinha mais tempo. O violonista inseriu em algumas faixas bateria eletrônica e uma presença mais forte dos teclados. A produção foi novamente de Paulinho Pinheiro, que incluiu três letras suas no repertório. A única parceria com João foi feita para o carnaval seguinte da Tradição, o de 1986, no qual a escola conquistaria o título do chamado terceiro grupo. Se no primeiro ano a exaltação fora aos índios, agora era aos negros, os retirados à força da África e os que lutaram no Brasil. A gravação foi semelhante à dos discos de escolas de samba, com bateria, coro e um puxador a fazer segunda voz para João.

Das outras duas de Paulinho, uma, "Chavão", era com o antigo parceiro Baden Powell, daquelas músicas que desconfiam do arrependimento da mulher que foi embora: "Teu falso amor virou chavão/ Jura de amor, promessa de eleição." A outra, "Rancho da natureza", era com Mauro Duarte, novos versos de cunho ecológico, não apocalípticos como os de "As forças da natureza" , e sim voltados para a mobilização em defesa do meio ambiente: "E a multidão qual passarada em bando/ Forma um cordão que vai se agigantando."

O Rio de Janeiro, por sua vez, era o protagonista da parceria da vez entre João e Ivor Lancellotti. Quando fizera a melodia, Lancella não tinha pensado na cidade.

– Cara, o samba tá dizendo tudo! Você é que não pensou, mas queria isso – disse João ao entregar os versos de "Alô, Rio."

Ele ainda fez letra e música de "Terra gira", um raro baião em sua discografia, conduzido por uma sanfona. Mas não deixou de fora o samba sincopado de Luiz Grande, agora falando em "Pimba na pitomba" de um "vovô" de terreiro capaz de enfrentar qualquer energia negativa.

De amor é bom ainda marcou a estreia de um amigo de muitos anos nos discos de João, letrista dos maiores: Aldir Blanc. Eles se conheceram antes de qualquer fama, quando o compositor do Méier comandava as rodas do Mackenzie e o bardo da Tijuca atacava de baterista num trio que, nas suas palavras, "animava a esbórnia" no clube. Voltando à noite das aulas de Medicina, Aldir encontrava João às vezes no ônibus, o 232.

Muito tempo depois, fariam juntos algumas músicas, inclusive uma encomendada pela TV Globo para o carnaval e que por pouco não foi aprovada pela emissora para deixar o ineditismo. O refrão dizia: "Sapuca, povo! Sapuca aí." Mas o primeiro samba do letrista gravado por João era uma parceria com Claudio Cartier, chamada "Ben-Hur dos macacos", crônica de costumes sobre o passado de uma senhora esnobe: "Aqui, madame/ Não me faz perder o saco/ Sacudindo o galho, cai/ Uma penca de macacos." Fugindo com muito humor do politicamente correto e da obviedade, é claro que agradou João.

JOÃO NOGUEIRA – RCA
Capa: Ivan Klingen e Valério do Carmo
Fotos: Ivan Klingen

13 JOÃO NOGUEIRA 1986

GRAVADORA – RCA
PRODUÇÃO – PAULO CÉSAR PINHEIRO E JORGE CARDOSO

MÚSICAS

- 01 - BOTECO DO ARLINDO
  Maria do Zeca | Nei Lopes
- 02 - EU NÃO FALO GRINGO
  João Nogueira | Nei Lopes
- 03 - FIGURAÇA
  Cristovão Bastos | Paulo César Pinheiro
- 04 - BAHIA MORENA
  João Nogueira | Edil Pacheco
- 05 - PRIMEIRA MÃO
  João Nogueira | Paulo César Pinheiro
- 06 - SONHOS DE NATAL
  João Nogueira | Paulo César Pinheiro
- 07 - MALANDRO 100
  João Nogueira | Luiz Grande
- 08 - TÔ PIANINHO
  João Nogueira | Luiz Carlos da Vila
- 09 - POEIRA DA IDADE
  Luiz Violão
- 10 - TRISTE REGRESSO
  Roque Ferreira

adidas

João Nogueira no Pagode na Praia, evento no Leme, Rio de Janeiro, 1987

Contra qualquer prognóstico, o samba ressurgiu para o sucesso em 1986. E não por estratégia mercadológica, mas de baixo para cima – daí o drible nos prognósticos. Ressurgiu com novas caras e um novo nome: pagode. Na verdade, pagode sempre foi sinônimo de samba, não como gênero, mas como festa em que o gênero é tocado. Festas como as que aconteciam em quadras e bares do subúrbio do Rio nos anos 1970 e 1980, nas quais os compositores e músicos participantes estavam mais interessados em cantar, tocar, improvisar versos, comer e beber do que em construir carreiras profissionais.

Mas a qualidade do que eles faziam começou a atrair um público crescente aos lugares, sendo o principal a sede do bloco carnavalesco mais famoso da cidade, o Cacique de Ramos, na rua Uranos. Ao ser levada por Alcir Portela, então jogador do Vasco, Beth Carvalho ficou tão impressionada que carregou vários deles para o estúdio e fez o disco *Pé no chão*, em 1978. Cinco anos depois, pôs para cantar em duo com ela um jovem muito magro com quem se encantara, apelidado Zeca Pagodinho e coautor da música escolhida, "Camarão que dorme a onda leva."

O Fundo de Quintal, com três líderes do Cacique em sua base (Bira Presidente, Ubirany e Sereno), surgiu em 1980 e teve desde o início sua cota de sucesso, também lançando para carreiras solo nomes como Jorge Aragão, Almir Guineto, Arlindo Cruz e Sombrinha. Mas o pagode na forma de uma espécie de movimento, ainda que desarticulado, chegando com força a discos e rádios, explodiu em 1986. No ano anterior, o pau de sebo *Raça brasileira*, com Zeca, Jovelina Pérola Negra e outros, já sinalizava o que vinha. E o que veio foi um lote poderoso de LPs individuais que caíram no gosto do público – via rádios populares como a Tropical FM, do Rio, e gravadoras que apostaram, sem precisar gastar muito, na novidade, sobretudo a RGE, depois incorporada à Som Livre.

A novidade estava nos instrumentos (repique de mão, tantã, banjo com braço de cavaquinho) e no talento dos jovens artistas. A estrutura básica, no entanto, era a do velho partido-alto, com refrões fortes e segundas partes que podiam ser improvisadas ao infinito. As gírias, o humor, os personagens, as crônicas sobre a vida da cidade davam o molho que tornava saborosas as composições.

Humor, olhar de cronista, tudo isso João tinha de sobra. Suas linhas predominantes, no entanto, eram mais as do samba dolente e do samba sincopado. Era amado por todos os emergentes astros do pagode – sendo o cantor que mais inspirou Zeca –, mas não chegou a integrar o suposto movimento, até porque era de outra geração, já tinha outra história. Curiosamente, o produtor de muitos desses discos de sucesso era seu velho amigo Milton Manhães, que deixara a Bandola anos antes para se arriscar na nova função.

– Meu irmão, vai à luta! – estimulou João.

– Um dia eu vou produzir você – agradeceu Pezão, que não conseguiu realizar o sonho.

Mas produziu, além do *Raça brasileira*, LPs do Fundo de Quintal, de Almir Guineto e o de estreia de Zeca, que chegou ao milhão de cópias e deixou baratinado o até então descompromissado rapaz de Del Castilho e Irajá. Dois anos depois, já não havia vestígios da explosão, e muitos dos emergentes submergiram vertiginosamente, perdendo dinheiro e prumo. Com o tempo, foram recuperando espaço e até voltando às paradas, casos de Aragão e Zeca. Antes da retomada, viram o nome "pagode" ser aplicado pela indústria fonográfica a grupos e cantores que, mesmo não sendo produtos de laboratório, foram embalados para massificação. Raça Negra, Só pra Contrariar, Negritude Júnior e outros passaram a ser os campeões de vendas, também batendo a marca de 1 milhão, e revestiram a base do samba de teclados e letras de amor previsíveis.

Esta segunda fase do pagode não ajudou João em nada, mas a primeira não lhe foi prejudicial. Ele realizou em 1986 um disco quase completamente "para cima", bem no clima daquele ano, diminuindo o ritmo apenas nas duas últimas faixas. E o sucesso do LP foi um partido-alto que não ficava nada a dever aos que estavam sendo cantados no país.

"Gripe cura com limão/ Jurubeba é pra azia/ Do jeito que a coisa vai/ Boteco do Arlindo vira drogaria." Este refrão de "Boteco do Arlindo" tocou muito nas rádios. É uma lembrança, aliás, que o menino Diogo tem, ele que não podia escutar as músicas do pai quando este estava em casa, pois João não ficava à vontade ouvindo seus discos e mandava tirar.

Os versos eram de Zeca, irmão três anos mais velho de Nei Lopes e que morreu jovem, na década de 80. Foi cantor das gafieiras Elite e Estudantina e compunha suas coisas, como essa ironia com os beberrões que justificam sua prática alegando as discutíveis vantagens medicinais dos produtos consumidos.

"Depois que ele se foi, eu, num vazio danado, resolvi completar o samba. E, em reconhecimento, dei a parceria oficial, no papel, a uma de suas viúvas", conta Nei, explicando o porquê de Maria do Zeca aparecer nos créditos.

Nei também estava na segunda faixa composta com João e cujo tema da letra foi escolhido pelo cantor. "Eu não falo gringo", um "partido-alto anti-imperialista" na classificação de Nei, remete a "Das 200 para lá" e, ainda mais, ao "Sou mais samba", de Candeia, cujo refrão afirmava: "Eu não sou africano, eu não/ Nem norte-americano/ Ao som da viola e pandeiro/ Sou mais o samba brasileiro." O mote de Nei era "Eu não falo gringo/ Eu só falo brasileiro", e João ainda improvisou umas gozações ao gravar, como depois de uma voz cantar "Baby! Baby!": "Não tenho nada contra, mas desmunheca em brasileiro. Vamos valorizar o produto nacional."

O repertório de *João Nogueira*, o disco, foi montado por João e Paulo César Pinheiro, mas o produtor de sempre foi obrigado a tirar o time de campo no primeiro dia do estúdio Transamérica. Uma úlcera, gerada por estresse, o derrubou. A RCA escalou, então, um jovem músico para dar continuidade ao trabalho. Jorge Cardoso tocara com Alcione e fizera assistência de produção de um disco dela e de um de Beth Carvalho. Sua primeira assinatura, portanto, foi com João, que lhe ensinou coisas.

Em vez de pôr cavaquinho de um lado e violão de outro, disse que queria o cavaquinho no centro da captação dos instrumentos, replicando papel que costuma desempenhar nas rodas de samba. "E foi o único artista com quem eu trabalhei que punha a voz definitiva nas bases gravadas

Diogo Nogueira no campo do Politheama, de Chico Buarque, 1983

pelos músicos, não depois. Como ele mudava a divisão a cada interpretação, preferia que valesse a divisão escolhida na hora da gravação das bases", conta Cardoso.

Ele não mexeu nas canções escolhidas, entre elas três com letras de Paulinho Pinheiro. "Figuraça" era uma parceria com Cristovão Bastos – arranjador do disco ao lado de Neco – sobre um malandro contemporâneo, mais bajulador do que brigador, embora estivesse preparado para o que der e vier. "Primeira mão" foi feita por João e pelo letrista para tentar impulsionar os sambas de terreiro, de meio de ano, na Tradição. A iniciativa não vingou, mas deixou de herança a boa música, ode ao samba e que terminava citando o nome da escola: "Brasil verde e amarelo/ Azul e branco é o meu brasão/ Coincidentemente a cor da Tradição."

Não por acaso, pôs-se logo a seguir "Sonhos de Natal", o samba-enredo do ano seguinte, fundamental para o vice-campeonato do Grupo de Acesso 1 e, logo, para a ascensão ao Grupo Especial. O homenageado era o bicheiro Natal, pai do presidente da Tradição e que João já reverenciara em "O homem de um braço só", cuja letra ganhou citação de Paulinho.

"Bahia morena" foi mais uma incursão da parceria com Edil Pacheco pelos mistérios da Bahia, mas feita no Rio. No sótão de sua casa, onde gostava de receber os amigos e compor com eles, passou horas com o amigo de Salvador conversando e construindo a música. Quando ela saiu, já era 1 hora da tarde do dia seguinte, e eles não tinham percebido. Fizeram um samba sobre a Bahia, mas não melodicamente baiano. Lembrava os de Ary Barroso sobre o tema.

Pela primeira vez João não se limitou a gravar uma composição de Luiz Grande, mas também participou da feitura dela: "Malandro 100" falava de um metido a esperto e desafiava-o: "Sou madeira de jequitibá/ É difícil de me derrubar." Bem diferente de "Tô pianinho", obra a quatro mãos com Luiz Carlos da Vila – já um letrista destacado, tendo exaltado em "Doce refúgio" o Cacique de Ramos, tão forte naquela época – sobre um ambicioso que queria ter várias mulheres e se resigna com uma só.

Como era comum nos tempos dos LPs, as faixas menos comerciais ficaram para o final. "Poeira da idade" era uma pungente descrição feita por um homem de como estava a casa abandonada pelo seu grande amor. No final, um apelo: "Venha me encontrar do jeito que você deixou." A composição era de Luiz Roberto, o Luiz Violão, que tinha integrado o conjunto Os Cariocas no início dos anos 1960, inclusive participando do célebre show que reuniu, em 1962, no Au Bon Gourmet, Tom Jobim, Vinicius de Moraes e João Gilberto, no qual foi lançada "Garota de Ipanema."

– Eu canto 50% do repertório do Luiz – ironizava João, dizendo que o músico era autor de apenas duas canções.

Já o profícuo baiano Roque Ferreira se consagraria anos depois nas vozes de Maria Bethânia, Zeca Pagodinho, Martinho da Vila e vários intérpretes, mas só foi gravado uma vez por João, com a também sofrida "Triste regresso." Era a última música do quarto e último disco do cantor na RCA. Ele só voltaria à casa, já renomeada BMG, em 1998, também numa produção de Jorge Cardoso. E seria um triste regresso. Ate lá, enfrentaria anos de oscilação entre dificuldades e brilhos.

JOÃO – IDEIA LIVRE / POLYGRAM
Capa: Ivan Klingen e João Nogueira
Fotos: Ivan Klingen

14 JOÃO

1988

GRAVADORA – IDEIA LIVRE / POLYGRAM
PRODUÇÃO – ALUIZIO FALCÃO

MÚSICAS

- 01 - FÔIA DE AMOR
João Nogueira | Edil Pacheco

- 02 - CACHAÇA DE ROLHA
João Nogueira | Paulo César Pinheiro

- 03 - CORAÇÃO DE MALANDRO
João Nogueira | Paulo César Pinheiro

- 04 - PELAS RUAS DO RECIFE
Novelli | Marcos Valle | Paulo Sergio Valle

- 05 - SEM COMPANHIA
Ivor Lancellotti | Paulo César Pinheiro

- 06 - LEVANTA, BRASIL
João Nogueira | Nonato Buzar

- 07 - MARIA DO SOCORRO
João Nogueira | Carlinhos Vergueiro

- 08 - VAI, COROA
João Nogueira | Nonato Buzar | Orlandivo

- 09 - TUDO ACABOU EM SAMBA
João Nogueira

João Nogueira durante divulgação do álbum João

O Clube do Samba acabou em 1988. A agonia financeira se estenderia por mais duas décadas, em função das dívidas que assolaram João e sua família. Além da frustração de ver encerrado seu grande sonho, o cantor passava naquele ano por um momento de instabilidade na carreira. Gisa, sua irmã, enxergava uma relação entre as duas coisas. "Não sei se desacreditaram do João por causa dos problemas do Clube do Samba, mas a verdade é que os discos passaram a não fazer tanto sucesso."

Já fazia 11 anos, desde o álbum *Feito em casa*, de Antonio Adolfo, que a produção independente buscava brechas na economia da música brasileira, dominada pelas multinacionais. O esforço tinha sua recompensa em casos de trabalhos voltados para públicos mais restritos, como os da cena instrumental, mas para um artista como João Nogueira poderia ser frustrante saber que um LP seu não haveria como chegar a muitos dos estados do país por causa do alto custo da distribuição. Então, confiando que um contrato assinado com uma grande gravadora garantiria boa circulação, ele gravou *João* pelo selo Ideia Livre, com distribuição da PolyGram. E foi à luta, realizando shows em diversas cidades, nas quais repetia em entrevistas: "Quem não comprar esse LP deixa de comprar meu melhor disco."

Aluizio Falcão era diretor artístico da rádio e da gravadora Eldorado, em São Paulo, além de compositor com codinome (J. Petrolino), parceiro de Carlinhos Vergueiro, Eduardo Gudin e outros. Nos anos 1970, trabalhara com Marcus Pereira no famoso selo que levava o nome do amigo e que lançou os primeiros discos de Cartola. O jornalista e produtor largou o emprego para se arriscar como pequeno empresário. Começou no Ideia Livre gravando Baden Powell e Teca Calazans, e lhe veio o desejo de fazer um disco de João, que estava solto no mercado. Conhecia o cantor superficialmente e o admirava pela militância em torno da, como diz, "permanente e nunca superada agonia do samba." Seu convite foi aceito, e a produção aconteceu, mas o disco, não. Foi muito menos vendido e ouvido do que poderia, tornando-se depois disputada peça de sebos.

"O esforço de divulgação foi grande, mas a distribuição da PolyGram, propositalmente ou não, era muito precária", afirma Aluizio, que fechou a Ideia Livre após três anos e voltou a ter patrões. "Descobri que meu negócio é carteira profissional."

Se a PolyGram não ajudou para fazer alguma retaliação a seu ex-artista ou se o LP foi vítima da hierarquia de prioridades da companhia – na qual João certamente não ocupava um lugar alto –, não se sabe. Mas o sambista perdeu a chance de dar projeção a um trabalho a que se dedicou bastante. Para formar o repertório contou com a ajuda de um velho amigo, José Roberto Bertrami, responsável pelos arranjos. O piano e os teclados do paulista de Tatuí estão em muitos discos do cantor, às vezes creditados a apenas José Roberto, em outras, nem isso. Bertrami ficou mais conhecido (pelo sobrenome) graças ao Azymuth, trio de música instrumental fundado em 1970 e que tem mais lançamentos no exterior do que no Brasil. Seus colegas de grupo, Alex Malheiros (baixo) e Ivan Conti, o Mamão (bateria), participaram de *João*.

As gravações marcadas para o alugado estúdio da EMI-Odeon, em Botafogo, atrasaram alguns dias por causa da escolha dos músicos que trabalhariam. Bertrami não gostou de alguns inicialmente escalados e resolveu chamar outros, a começar pelos dois do Azymuth. Laudir de Oliveira, na percussão, e Zé Carlos Bigorna, no sax, também participaram. Colaboradores frequentes de João como Mané do Cavaco, Neco (violão) e os percussionistas Cuscus e Gordinho tocaram em várias faixas.

"Discutimos o repertório. Ele escolheu algumas músicas que estavam guardadas na gaveta, nunca tinha gravado. Eu sugeri um frevo do Novelli. Ficou variado", recorda Bertrami.

A canção escolhida para puxar o disco – faixa única, inclusive, de um LP promocional feito pela Ideia Livre – era um afoxé, outra parceria com o baiano Edil Pacheco. Surgiu quando eles estavam na casa do Recreio dos

Bandeirantes, novamente tentando, sem sucesso, compor algo, e uma folha se soltou de uma amendoeira, indo parar em cima da mesa, no meio dos dois. A letra, que conta como "o vento bateu na fôia" e isso inspirou um verso de amor enviado pelo correio, começou logo a ser criada. Para João, segundo lembra Ângela Nogueira, a música tinha especial significado para os artistas que, obrigados a viajar com seus espetáculos, carregavam a saudade de casa.

O frevo de Novelli, "Pelas ruas de Recife", também era dos irmãos Marcos e Paulo Sérgio Valle e foi uma raríssima incursão do cantor pelo gênero, registrada sem sanfona ou qualquer instrumento tipicamente nordestino.

Outra que ele resolveu gravar foi "Sem companhia", lançada em 1980 por Clara Nunes e grande sucesso por integrar a trilha da novela *Coração alado*, de Janete Clair. A parceria de Ivor Lancellotti e Paulo César Pinheiro teria mais 22 versões, entre elas as de Nana Caymmi, Alcione e Nelson Gonçalves. Na de João, a triste canção ("Tudo que esperei de um grande amor/ Era só juramento que o primeiro vento carregou/ Outra vez tentei, mas pouco durou/ Era um golpe de sorte/ Que um vento mais forte derrubou") veio embalada apenas pelo piano de Bertrami e pelo sopro de Paulinho Trompete.

A dupla João/Paulinho Pinheiro entrou com duas composições. "Cachaça de rolha" era um samba-exaltação ao prazer de beber, em tom maior e gravação em clima de alegria. Já no também animado "Coração de malandro", que contou com o bandolim de Joel Nascimento, o tema foi a superioridade da malandragem da mulher sobre a do homem, pois, afinal, "ela prende coração de vagabundo."

Na lembrança de Ângela, "Levanta, Brasil" teve sua decisiva colaboração. Seu marido e Nonato Buzar estavam no sótão da casa do Recreio quando ela, que é médium, apareceu falando de "ouro da Amazônia" e outras questões nacionais, reais ou fantasiosas.

– Quando eu for embora, vocês vão achar o samba – disse a pombagira pela voz de Ângela.

Eles, entre impressionados e inspirados, trataram de fazer uma música sobre o Brasil, pedindo ao país que levantasse o orgulho próprio e defendesse o que é seu. Depois de uma primeira parte lenta, o samba aumentava o ritmo na segunda.

Outra faixa feita com Buzar foi "Vai, coroa", dessa vez também com a parceria de Orlandivo, um dos principais intérpretes do sambalanço, célebre pelo uso habilidoso do molho de chaves para marcar o ritmo. A canção é uma brincadeira na linha de "O homem dos quarenta", mas sete anos depois e sobre personagens de idade mais avançada. O senhor "de cabelo branco, de sorriso franco" é estimulado a não deixar a peteca cair: "Bota tua escola na avenida." O bandolim de Joel se fez presente de novo.

"Maria do Socorro", que João fez com Carlinhos Vergueiro (música e letra de ambos), era narrada por um cidadão que diz preferir viver no morro porque ali mora a querida personagem-título. "Tem gente que reza por mim", explica ele o porquê de sempre voltar da cidade ao lar.

Fato inédito, a última faixa foi instrumental (ou quase): uma batucada, batizada de "Tudo acabou em samba", conduzida por João com os ritmistas da Tradição, participação de Milton Banana, Mamão, Luna, Gordinho e Zeca da Cuíca, além de trechos das outras músicas do disco entoados pelo coro.

A celebração ao final simbolizava a satisfação do artista com o resultado. Cerca de dez anos depois ele pediu a Aluizio (e recebeu) a liberação de *João*, pois pretendia relançá-lo *diretamente* por uma gravadora grande. Não chegou a um acordo financeiro com a companhia, e o material permaneceu inédito em CD.

A reaproximação com Bertrami, seu vizinho de Recreio e parceiro em algumas jornadas boêmias, culminou numa ida profissional aos Estados Unidos. Naquele mesmo 1988 o Azymuth gravou "Too much time", a versão do grupo para "Tempo à beça", no disco *Crazy rhythm*, com João no vocal. E no ano seguinte Bertrami viajou com o cantor para uma pequena turnê, acompanhados apenas de um cavaquinista e um baterista. Não chegou a abrir uma carreira internacional para o sambista, mas nunca foi este o seu desejo. O Brasil continuava no centro de suas atenções.

João: aproximação com assuntos políticos, fim dos anos 1980

Presidente

O GRANDE PRESIDENTE – IDEIA LIVRE / POLYGRAM
Capa: Antonio Maioral
Fotos: Iconographia

15

O GRANDE PRESIDENTE 1989

GRAVADORA – IDEIA LIVRE / POLYGRAM
PRODUÇÃO – TUNINHO GALANTE

MÚSICAS

- 01 - DOUTOR GETÚLIO
  Edu Lobo | Chico Buarque
- 02 - DIPLOMATA
  Henrique Gonçales
- 03 - O GRANDE PRESIDENTE
  Padeirinho
- 04 - SESSENTA E UM ANOS DE REPÚBLICA
  Silas de Oliveira | Mano Décio da Viola
- 05 - RETRATO DO VELHO
  Haroldo Lobo | Marino Pinto
- 06 - LEGADO DE GETÚLIO VARGAS
  Silas de Oliveira | Walter Rosa
- 07 - ELE DISSE
  Edgar Ferreira
- 08 - VINTE E QUATRO DE AGOSTO
  Jaguarão
- 09 - TRABALHADORES DO BRASIL
  Luís Wanderley
- 10 - HINO DA LEGALIDADE
  Demóstenes Gonsalez | Lara de Lemos |
  Paulo César Peréio

João, Padeirinho da Mangueira e Simões da Mangueira, década de 1980

Há quem visse em João um verdadeiro socialista, no sentido de que estava sempre preocupado com os mais necessitados e se solidarizava com eles. Outros ressaltam que o cantor não era um *expert* em política e preferia não se envolver diretamente com o assunto. Mas, imune ao que acontecia no país, ele jamais ficava, ainda mais no contexto da primeira eleição direta para presidente da República em 28 anos.

Em 1989, João foi convidado por Aluizio Falcão para dividir, com Beth Carvalho, um disco relacionado à campanha de Leonel Brizola. A cantora era uma notória brizolista e se manteve fiel ao líder político até ele morrer, em 2004. Insistiu com sua gravadora, a PolyGram, para ser liberada para a missão. Já o sambista nunca teve a imagem associada exclusivamente a um partido. Esteve muito próximo do PDT naquela época, e em outros anos apoiou Luiz Inácio Lula da Silva, que só chegaria ao poder com o PT em sua quarta tentativa, em 2002.

Mas *O grande presidente*, o LP, também era um trabalho. João ganhou um cachê para realizar sua segunda produção na Ideia Livre. A campanha de Brizola contratou o selo para a empreitada, que surgiu por iniciativa do advogado pernambucano Fernando Lyra, então deputado federal e candidato a vice na chapa. Ele pediu ao conterrâneo Aluizio, que fora assessor do ex-governador do estado Miguel Arraes, uma ideia para arrecadar fundos e movimentar a militância. Recebeu como sugestão um disco com repertório dedicado a Getúlio Vargas, a grande influência de Brizola e cuja história terminada em suicídio sempre desperta paixões.

O próprio Aluizio iniciou a pesquisa, depois concluída por Jairo Severiano, um dos maiores conhecedores de música brasileira e que cinco anos antes fizera monografia sobre as referências diretas ou indiretas a Getúlio nas nossas canções.

Os sambas-enredo predominaram: cinco em dez faixas. Dois estiveram de fato nos desfiles de escolas de samba do Rio: "O grande presidente", de Padeirinho (Mangueira, 1956), e "Sessenta e um anos de República", de Silas de Oliveira e Mano Décio da Viola (Império Serrano, 1951). Os outros três foram feitos na linha tradicional do gênero, de exaltação a uma figura ou um tema. "Legado de Getúlio Vargas" foi composto em 1968 por Silas de Oliveira, em parceria com Walter Rosa, quando o próprio Silas, mestre maior dos sambas-enredo, trabalhava como ator em *Dr. Getúlio, sua vida e sua glória*. A música integrava a peça de Dias Gomes e Ferreira Gullar, que estreou no Teatro Leopoldina, em Porto Alegre. A remontagem, com muitas mudanças, aconteceu em 1983, e o espetáculo era chamado *Vargas*. Para essa peça, Edu Lobo e Chico Buarque compuseram "Dr. Getúlio", que abre o disco da Ideia Livre. O outro samba, de Jaguarão, é "Vinte e quatro de agosto", título alusivo à data do suicídio. Este e os de Silas foram gravados por João, enquanto os outros dois ficaram com Beth.

– Você me dá cada bife! – queixou-se o cantor, brincando, a Aluizio, referindo-se ao tamanho das letras.

O violonista e arranjador Tuninho Galante, escolhido para ser o produtor após o bom resultado do disco com cantores interpretando músicas de Candeia (Funarte, 1988), tem lembranças de um João em grande forma, usando com elegância seu timbre peculiar e seguindo as orientações. "Ele, que era um ídolo para mim, foi tranquilo, gentil, não deu ataque, repetiu quantas vezes eu pedi e tudo correu bem", diz o músico, que tinha 29 anos na época. O ídolo até perguntou ao fã como deveria pronunciar o "sc" de uma palavra, pois dizia que no subúrbio se falava, por exemplo, "naiscido", assim como "sôzinho", ambos os sons encontráveis em "Espelho." Galante solicitou que ele usasse a pronúncia correta. "Eu disse que deveríamos contribuir com a norma culta da língua. Hoje, talvez não pedisse isso, mas não se volta atrás no tempo", assinala.

João ainda gravou o samba sincopado "Diplomata", de Henrique Gonçales, e dividiu com Beth o xote "Trabalhadores do Brasil", de Luís Wanderley.

Ela cantou outra nordestina, "Ele disse" (Edgar Ferreira), e a famosa marchinha "Retrato do velho", sucesso de Haroldo Lobo e Marino Pinto. No encerramento do disco, orquestra e coral apresentavam o "Hino da legalidade", feito em 1961 quando, após a renúncia de Jânio Quadros, ameaçava-se não permitir a posse do vice João Goulart, que estava na China. Brizola liderou a "campanha da legalidade" a favor de Jango.

Para sua própria campanha a presidente, o LP teve contribuição modesta. Mesmo que tenha se esgotado, a tiragem de 10 mil cópias não agitou em praticamente nada a eleição. "Foi mal divulgado, mal distribuído. Pouca gente sabia", lamenta Beth.

No encarte, havia um minucioso texto do jornalista Moacyr Andrade sobre Getúlio e a música. E a contracapa era uma exaltação ao ex-presidente assinada por Brizola juntamente com uma grande foto do candidato. Ele foi o terceiro mais votado, apoiou Lula no segundo turno, mas quem se elegeu foi Fernando Collor, vitória que teria duras consequências para a produção cultural do país.

ALÉM DO ESPELHO – SOM LIVRE
Capa: H. de Castro
Fotos: Lívio Campos

16 ALÉM DO ESPELHO 1992

GRAVADORA – SOM LIVRE
PRODUÇÃO – ARAMIS BARROS

MÚSICAS

- 01 - ALÉM DO ESPELHO
  João Nogueira | Paulo César Pinheiro
- 02 - MINEIRA
  João Nogueira | Paulo César Pinheiro
  BATENDO A PORTA
  João Nogueira | Paulo César Pinheiro
  EU HEIN, ROSA!
  João Nogueira | Paulo César Pinheiro
- 03 - SERENÔ
  Nonato Buzar | Gerude | Nogueirinha
- 04 - LUZ MAIOR
  Jorge Simas | Marcos Paiva
- 05 - SÚPLICA
  João Nogueira | Paulo César Pinheiro
  PODER DA CRIAÇÃO
  João Nogueira | Paulo César Pinheiro
  MINHA MISSÃO
  João Nogueira | Paulo César Pinheiro
- 06 - E AGORA, DRUMMOND?
  João Nogueira | Paulo César Pinheiro
- 07 - BECO COM SAÍDA
  João Nogueira | Nonato Buzar | Landinho Marques
- 08 - ESPELHO
  João Nogueira | Paulo César Pinheiro
  DO JEITO QUE O REI MANDOU
  João Nogueira | Zé Katimba
  CORRENTE DE AÇO
  João Nogueira
- 09 - BICHO HOMEM
  João Nogueira | Silvio Cesar
- 10 - NÓ NA MADEIRA
  João Nogueira | Eugênio Monteiro
  MARIA RITA
  Luiz Grande
  CLUBE DO SAMBA II
  João Nogueira
- 11 - ECOLOXÉ
  João Nogueira | Edil Pacheco

João Nogueira, 1990

O confisco das cadernetas de poupança e as outras medidas tomadas pelo governo de Fernando Collor para tentar derrubar a inflação, em 1990, estagnaram a economia brasileira. Na cultura, os recursos federais praticamente secaram, e as possibilidades de patrocínio, também, pois arte passou a ser supérfluo num quadro de retração profunda. As gravadoras concentraram suas apostas no que lhes parecesse garantia de retorno. No caso, neossertanejos, neopagodeiros e segmentos do pop-rock – além de Roberto Carlos, é claro. O samba ficou completamente em baixa.

Para piorar a situação de João, ele não era, após duas décadas de carreira, o queridinho das multinacionais e das rádios. À sua maneira, às vezes escorregando na xenofobia, denunciara várias vezes o descaso delas pelo melhor da música brasileira. Fizera isso em entrevistas, por meio da criação e manutenção do Clube do Samba e, ainda, em confrontos dentro das empresas em que tinha contrato. Saiu de EMI-Odeon, PolyGram e RCA deixando amigos, mas não saudades corporativas. Nó na madeira, João nem sempre emanava docilidade.

"Era autêntico. Nunca vi falar duas coisas diferentes. Era uma coisa só. Não era conciliador, político. Dizia o que sentia", afirma Edil Pacheco.

"Tinha muita clareza para diferenciar o bem do mal. Quando dizia uma coisa, não dizia o contrário. Mas era brincalhão, amoroso", ressalta Cláudio Jorge.

"Nunca vi ninguém tão céu e inferno ao mesmo tempo. Era de uma generosidade absurda, e o que eu guardo é o melhor do João", diz Paulo César Feital, para quem o parceiro "pagou por ser rebelde, por peitar." "O reconhecimento maior do papel dele virá daqui a alguns anos. Hoje, vivemos a impossibilidade da loucura. Ele mesmo não convivia sempre bem com seu próprio louco, o que abreviou muito sua vida. João era grato pela vida, apesar de brigar com ela o tempo inteiro", completa Feital.

Sem discos para gravar, ele se dedicava aos shows. Desde 1989, tinha para acompanhá-lo um violonista novo, Jorge Simas, a quem conhecera quatro anos antes, no Clube do Samba, numa apresentação de Dona Ivone Lara em que o músico estava tocando. Uma das formações que deram suporte a João no início da década de 1990 era mais jazzística, batizada por seus integrantes de Sincopaço: Simas (violão), Cristovão Bastos (piano), Luiz Alves ou José Santa Rosa (baixo), Robertinho Silva (bateria) e Paulinho Trompete.

No carnaval de 1992, o cantor se encontrou no camarote da Brahma com seu xará João Araújo, presidente da Som Livre. Tomou um susto com o que ouviu do executivo:

– Vamos fazer um disco?

Além do contexto em que se deu o convite, a surpresa derivava do consagrado perfil da gravadora, voltado quase totalmente para os produtos da Rede Globo, sobretudo as trilhas de novelas. Alguns artistas, entre os quais Rita Lee, tiveram contratos com a Som Livre, mas não era comum. O habitual eram os acordos por projetos, renovados em caso de sucesso, cujo exemplo mais nítido foi o de Emílio Santiago e sua série *Aquarela brasileira*. João estaria nesse modelo.

O diretor artístico Max Pierre recebeu a ordem de João Araújo e a fez andar. A responsabilidade do projeto ficou a cargo de Heleno de Oliveira, conhecido de João dos tempos de PolyGram. E a produção coube a Aramis Barros, que estava havia nove anos na companhia, depois de passar por outra gravadora, a CID, onde lançou Bezerra da Silva, e realizar trabalhos autônomos em outras gravadoras. O ponto de partida que ele e o cantor tinham para montar o repertório era um samba: "Além do espelho."

A história começou com a encomenda à dupla João/Paulo César Pinheiro de uma música para um filme com mais apelos sensuais do que artísticos. Eles chegaram a ir ao set no Alto da Boa Vista, ficaram apenas o suficiente para João ver o quão desejável era a jovem e desconhecida

Retrato de 1992

protagonista e fizeram a canção. Mas ela foi rejeitada pelo diretor. Paulinho guardou a fita e, anos mais tarde, retomou a melodia do parceiro para criar outra letra, com o narrador de "Espelho" escrevendo não mais para o seu pai, e sim para seu filho.

"Sempre que um filho meu me dá um beijo/ Sei que o amor de meu pai não se perdeu/ Só de ver seu olhar eu sei seu desejo/ Assim como meu pai sabia o meu/ Mas meu pai foi-se embora num cortejo/ E eu no espelho chorei porque doeu/ Só que olhando meu filho agora eu vejo/ Que ele é o espelho do espelho que sou eu", dizia a letra da canção, que fez sucesso na época e continua fazendo quando Diogo Nogueira a interpreta em homenagem ao pai nos seus shows.

"É mais fácil compreender a morte do que a vida", disse João a Fernando Faro antes de cantar "Além do espelho" no programa *Ensaio*, da TV Cultura, gravado naquele ano e lançado em DVD na década seguinte.

O fotógrafo Lívio Campos levou um espelho à praia e fez uma foto engenhosa para a capa, com o artista olhando o mar refletido.

Sobre o restante do repertório, a Som Livre insistiu em *medleys* de sucessos. João não gostou nada da ideia, detestava fazer concessões à obviedade e ao comercialismo, mas Heleno era um homem egresso da área de vendas, queria ter chamarizes para o público. O cantor precisou se curvar para poder realizar o disco. Chegou-se a uma conta de sete inéditas para quatro apanhados de sambas conhecidos.

Das 12 músicas reunidas nos *medleys* – incluindo as da "trilogia do alumbramento", "Súplica", "Poder da criação" e "Minha missão" num só bloco –, apenas duas apresentavam novidades significativas: "Corrente de aço", por ser o primeiro registro de João daquela que, na voz de Elizeth Cardoso, tornou-o um compositor conhecido; e "Clube do Samba II", por apresentar novas segundas partes complementando o refrão. Ele brincava, na nova letra, com a referência, feita na versão de 1983, a Chico Buarque supostamente não querer trabalhar e dizia que, nove anos depois, o amigo já tinha lançado livro e preparava disco. Ainda contava rimando que, por mais que aparecesse no rádio e na televisão, sempre havia um sacana para chamá-lo de Luiz Ayrão.

Recorrente, essa confusão às vezes irritava João. Certo dia, sonado pela manhã num aeroporto, viu um homem lá longe parecendo andar em sua direção e disse ao músico que estava ao seu lado:

– Esse cara vai vir aqui e me chamar de Luiz Ayrão.

– O que é isso? O cara nem está vindo falar com você – argumentou o interlocutor.

Segundos depois, aproximou-se o homem:

– Luiz Ayrão, me dá um autógrafo!

Foi saudado com uma saraivada de palavras pouco poéticas.

Antes isso do que o ocorrido num restaurante em Niterói, para onde João foi com poucos amigos após fazer um show. Um desconhecido entrou no salão, foi à mesa do grupo e deu um soco no cantor, tirando sangue de seu nariz. Assim chegou, assim se foi, sem falar nada nem comunicar o porquê da agressão.

Das outras músicas que gravou com arranjos de Jota Moraes e Ivan Paulo, escolhidos pela Som Livre, duas ele já cantava em shows: "Bicho homem", parceria com Silvio Cesar, que começava em ritmo de tango; e "Ecoloxé", composição de levada baiana e mensagem ecológica que ele e Edil Pacheco fizeram motivados pela Rio 92, a conferência internacional do meio ambiente que aconteceu no Rio de Janeiro.

De Nonato Buzar entraram a gingada "Serenô", feita com Gerude e Nogueirinha, e a romântica "Beco com saída", também de João e Landinho Marques, grande amigo dos dois. "Luz maior", parceria de Marcos Paiva com Jorge Simas – que tocou em todo o disco –, tinha sido mostrada a ele pelo violonista em Parintins e ganhou a total aprovação do intérprete.

– Você devia ter feito comigo – disse a Simas.

"E agora, Drummond?" foi a realização de um desejo antigo de Paulinho Pinheiro, que queria homenagear o poeta, mas tinha muita dificuldade para encontrar as palavras adequadas. Ouvindo no rádio o cantor Paulo Diniz interpretar sua versão para o poema "E agora, José?", enquanto bebia uma cerveja com João num quiosque do Recreio, Paulinho comentou sua vontade. O parceiro registrou e surgiu dias depois com um pedaço de melodia. O letrista pegou o embalo e escreveu seus versos olhando para os de "E agora, José?", um dos poemas mais famosos de Carlos Drummond de Andrade.

"E agora Drummond?/ Que será de José?/ Que ficou sem tostão/ Que perdeu sua fé/ Que não tem mais prazer/ Que deixou de brigar/ Que rendeu-se ao poder/ Que não quer protestar/ Sua raiva murchou/ Não tem gana mais, não/ A esperança acabou/ E agora Drummond?", dizia a primeira das quatro estrofes.

Apesar das imposições que lhe fizeram, João gostou do resultado de *Além do espelho*. Só ficou amuado quando o dançarino Carlinhos de Jesus contou que vira o disco na Espanha, antes de sair no Brasil. Aramis também ficou satisfeito, especialmente porque, assim como Bertrami em *João*, conseguira convencer o cantor a fazer algumas alterações, chamando, por exemplo, Jurim Moreira para tocar bateria em parte das faixas. Entre os outros músicos estavam Robertinho Silva (bateria), Wanderson Martins (cavaquinho), Luizão Maia (baixo), Jota Moraes (teclados), Beloba e Esguleba (ambos na percussão) e Paulinho Trompete.

Quem não ficou completamente satisfeita com o resultado foi a Som Livre, que preferiu não renovar o acordo por mais um projeto, frustrando a expectativa de João. Ele estava de novo sem contrato. Na comemoração de seus 51 anos, em 12 de novembro, iniciou um discurso solene diante de estupefatos convidados. Num lance rápido, voltou a ser o gozador de sempre, suspendendo uma garrafa de cachaça 51 e baixando-a firme sobre o bolo. A idade e os percalços não tinham aniquilado seu humor.

João com sua filha Clarisse e coral de crianças, década de 1980

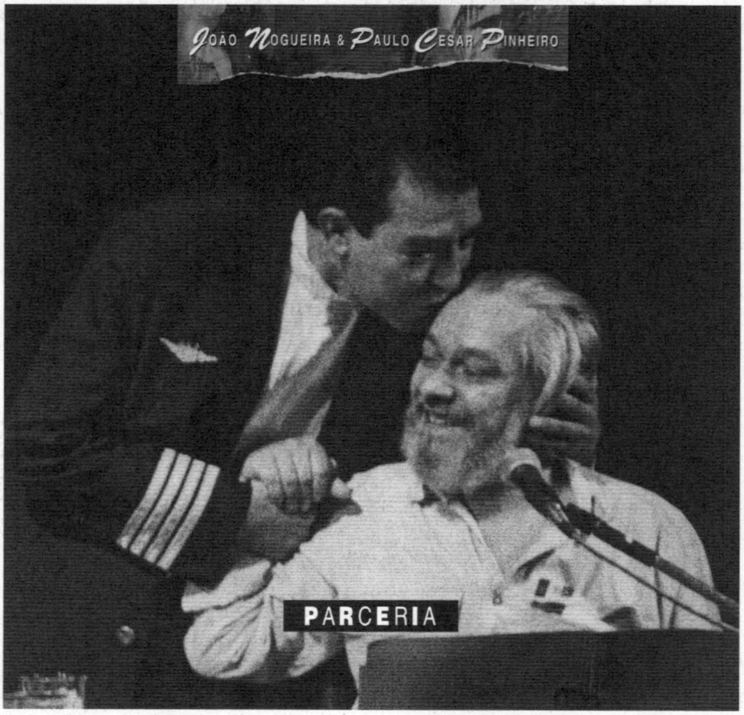

PARCERIA – VELAS
Capa: Neusa Costa
Fotos: Marco Aurélio Olimpio

17 PARCERIA

1994

GRAVADORA - VELAS
PRODUÇÃO - EDUARDO GUDIM

MÚSICAS

- 01 - ESPELHO
João Nogueira | Paulo César Pinheiro

- 02 - EU HEIN, ROSA!
João Nogueira | Paulo César Pinheiro

- 03 - E LÁ VOU EU
João Nogueira | Paulo César Pinheiro

- 04 - BAFO DE BOCA
João Nogueira | Paulo César Pinheiro

- 05 - BARES DA CIDADE
João Nogueira | Paulo César Pinheiro

- 06 - AS FORÇAS DA NATUREZA
João Nogueira | Paulo César Pinheiro

- 07 - BATENDO A PORTA
João Nogueira | Paulo César Pinheiro

- 08 - CHORANDO PELA NATUREZA
João Nogueira | Paulo César Pinheiro

- 09 - BANHO DE MANJERICÃO
João Nogueira | Paulo César Pinheiro

- 10 - SÚPLICA
João Nogueira | Paulo César Pinheiro

- 11 - PODER DA CRIAÇÃO
João Nogueira | Paulo César Pinheiro

- 12 - MINHA MISSÃO
João Nogueira | Paulo César Pinheiro

- 13 - UM SER DE LUZ
João Nogueira | Mauro Duarte | Paulo César Pinheiro

- 14 - CHICO PRETO
João Nogueira | Paulo César Pinheiro

- 15 - RIO, SAMBA, AMOR E TRADIÇÃO
João Nogueira | Paulo César Pinheiro

- 16 - PRIMEIRA MÃO
João Nogueira | Paulo César Pinheiro

- 17 - ALÉM DO ESPELHO
João Nogueira | Paulo César Pinheiro

Paulo César Pinheiro e João Nogueira no programa Água Viva, *1977*

Já fazia algum tempo que João pensava num disco com seu principal parceiro. E Paulo César Pinheiro sabia disso. Certo dia, em São Paulo, o compositor paulistano Eduardo Gudin perguntou ao sambista do Méier:

– Você não quer fazer um disco com o Paulo?

Gudin não só era parceiro de Paulinho como dividira com ele e a cantora Márcia os célebres show e disco *O importante é que a nossa emoção sobreviva*. Ao lado de João, nunca fizera música, mas compartilhara mesas e conversas desde o início dos anos 1970, quando o carioca começou a aparecer em São Paulo. Aos três, que já davam os primeiros sinais de vida ao projeto, somou-se o letrista Vítor Martins, que era colega de Ivan Lins em dezenas de canções, como "Começar de novo", "Bilhete" e "Aos nossos filhos." Ele era também dono da Velas, gravadora fundada em 1991 para realizar o disco de estreia de Guinga e que batalhava para se firmar como sinônimo de selo de qualidade e independente.

– Vocês não querem gravar ao vivo? – perguntou Vítor.

Encaixados os anseios e interesses, Gudin marcou as datas: 24 e 25 de julho de 1994 no estúdio Veridiana, em São Paulo, com presença de público. A opção por um estúdio não livrou de obstáculos técnicos o compositor, desta vez na função de produtor. Um problema na escolha de microfones obrigou Gudin a retirar, na mesa de mixagem, ruídos indesejáveis. Mas fazer ajustes posteriores nas vozes ou repetir interpretações de músicas durante as gravações não foi necessário. Trata-se de um "ao vivo" de fato, garante ele. "Fiquei impressionado com o João em 'Minha missão', que ele cantou à capela. A voz não saiu um milésimo do tom", relembra Gudin.

O LP/CD (os lançamentos ainda eram nos dois formatos) tinha mesmo tudo para dar certo. Os arranjos ficaram a cargo de Cristovão Bastos, que conquistou o Prêmio Sharp da categoria pelo trabalho. Ele comandou do teclado um conjunto de peso: Maurício Carrilho (violão), Jorge Simas (violão e cavaquinho), Santa Rosa (baixo), Paulinho Trompete e Désio Vianna (bateria). À frente deles, uma dupla entrosada na música e na vida, parceiros e compadres, além de vizinhos.

Moravam próximos, no Recreio, o que estimulava visitas incertas. Certa madrugada de domingo para segunda-feira, João, voltando da boemia, tocou várias vezes a campainha da casa de Paulinho, que se viu obrigado a abrir a porta. O amigo disse que queria só uma saideira.

– Mas só tem cerveja quente – informou o anfitrião.

– É a que eu mais gosto.

Depois de consumir uma inteira em temperatura ambiente, João comoveu Paulinho, que foi buscar opções geladas para ambos.

Foram escolhidas 17 músicas para *Parceria*, apenas uma tendo a participação de um terceiro compositor: Mauro Duarte em "Um ser de luz." Para abrir e fechar, respectivamente, "Espelho" e "Além do espelho." No meio, a "trilogia do alumbramento." Entre outros sucessos, "Eu hein, Rosa!", "As forças da natureza" e "Batendo a porta." E quatro novidades na voz de João.

Duas tinham sido lançadas por Clara Nunes. "Bafo de boca" era do disco *Claridade*, de 1975, e recomendava a um boêmio, com muita síncopa, que pegasse leve: "Para de beber, compadre!" E "Banho de manjericão" foi a primeira e das mais bem-sucedidas faixas de *Clara esperança*, de 1979. A história de tal canção tem a ver com outro compositor, Ivor Lancellotti.

Ele não conseguia emplacar nada com cantor nenhum. Preocupado, quase deprimido, queixou-se com João. O amigo recomendou um banho de manjericão e providenciou a matéria-prima, extraída do seu jardim. O conselho foi seguido. Pouco tempo depois Lancella soube que sua música "Abandono" seria gravada. No mesmo dia, João estava numa festa no extinto Rio Jazz Club, no subsolo do então hotel Méridien, em Copacabana, e ligou para o niteroiense, agora morador da vizinhança:

– Lancella, dá um jeito de penetrar na festa.

Ele deu. E, no meio do barulho, contou a João boa novidade:

– O Roberto vai gravar.

– Maravilha! Falei que aquele banho ia funcionar. Mas o engraçado é que eu estive com ele ontem e ele não me falou nada.

– Não é o Roberto Ribeiro, João. É o Roberto Carlos.

– Pô, Lancella! Foi aquele banho! Foi aquele banho! – comemorou com intensidade o dublê de feiticeiro.

Lancella ainda teve outras sete composições gravadas em 1979. A história não só inspirou uma música de sucesso como foi folcloricamente explorada por João. Ele dizia que, do lugar de que retirara o manjericão para o banho mágico, nunca mais tinha crescido erva, tamanha energia foi consumida.

Detalhe: apesar da gravação, Lancella se queimou com o Rei. Em primeiro lugar, porque Eliana Pittman já registrara a música em disco, e Roberto tinha o costume de só cantar criações alheias se fossem inéditas. Em segundo, porque um sonoplasta da Rede Globo, ao ouvir a versão no preparo da trilha da novela "Olhai os lírios do campo", repassou-a para a Rádio Nacional, onde trabalhava Lancella, que levou a culpa.

Em vez de Clara, foi Beth Carvalho quem gravou "Chorando pela natureza", em 1980, no disco *Sentimento brasileiro*. João deu em *Parceria* sua primeira interpretação a mais esse samba de cunho ecológico feito pela dupla.

A quarta novidade já tinha estado no Sambódromo carioca em 1989. "Rio, samba, amor e tradição", sobre o Rio de Janeiro, embora composto no Nordeste durante uma turnê de João, foi o quinto e último samba-enredo que os dois compositores fizeram para a Tradição. E o fim da relação não se deu apenas por causa do péssimo resultado: 16º lugar, na lanterna de todas as agremiações, o que significou rebaixamento para o grupo de acesso. O que Paulinho enxergava como soberba e ambição de Nézio Nascimento, presidente da escola, tirou dele e de João o prazer em continuar sendo os autores exclusivos dos sambas.

"Compositores começaram a migrar de outros lugares para a Tradição. Falei pro João: tá na hora de a gente sair fora, já cumprimos o nosso papel. Ele ainda tinha ilusão de voltar a ter um samba na avenida, mas tudo tinha acabado", diz Paulinho.

Parceria foi sucesso de crítica e deu origem a um show que fez temporadas cariocas no João Caetano, no Mistura Fina e no Jazzmania. Com a Velas encolhendo até a beira do desaparecimento, o disco também saiu de circulação, mas é caçado na internet.

Certa vez, Paulinho recebeu um telefonema de Alfredão do Atabaque, cria do morro do Vidigal que tocara com Baden Powell, mas largara a música para se casar com uma diplomata norueguesa:

– Estou em Rabat, no Marrocos. Estava passeando com meu cachorro e ouvi um som conhecido. Vinha de uma lojinha que tocava um disco seu e do João. Comprei e estou escutando.

A carreira internacional de *Parceria* não chegou aos bolsos dos dois amigos, mas chegou ao ego, pelo menos. E fez a felicidade de Alfredão em seu exílio voluntário.

Paulo César Pinheiro
e João Nogueira,
década de 1970

CHICO BUARQUE – LETRA E MÚSICA – LUMIAR
Direção de arte e projeto gráfico: Felipe Taborda e Barbara Szaniecki
Fotos: Rodrigo Lopes

18 CHICO BUARQUE LETRA E MÚSICA 1995

GRAVADORA – LUMIAR
PRODUÇÃO – ALMIR CHEDIAK, JOÃO NOGUEIRA, E MARINHO BOFFA

MÚSICAS

- 01 - FEIJOADA COMPLETA
Chico Buarque

- 02 - A RITA
Chico Buarque

- 03 - SAMBA E AMOR
Chico Buarque

- 04 - COM AÇÚCAR, COM AFETO
Chico Buarque

- 05 - HOMENAGEM AO MALANDRO
Chico Buarque

- 06 - O MEU GURI
Chico Buarque

- 07 - OLHOS NOS OLHOS
Chico Buarque

- 08 - SEM FANTASIA
Chico Buarque

- 09 - QUEM TE VIU, QUEM TE VÊ
Chico Buarque

- 10 - SONHO DE UM CARNAVAL
Chico Buarque

- 11 - GOTA D'ÁGUA
Chico Buarque

- 12 - BASTIDORES
Chico Buarque

- 13 - DEIXE A MENINA
Chico Buarque

- 14 - OLÊ, OLÁ
Chico Buarque

João Nogueira e Marinho Boffa no lançamento do álbum Chico Buarque – Letra e música, *1995*

Almir Chediak, criador dos conhecidos *songbooks* – livros com cifras de músicas e discos em que a obra do compositor em questão era reinterpretada por artistas diversos –, iniciou em 1995 outra série, *Letra e Música*, convidando Leny Andrade para cantar, acompanhada do piano de Cristovão Bastos, as criações de Tom Jobim e só dele. A crítica exaltou ideia e realização.

O dono do selo e da editora Lumiar queria gravar no mesmo ano o CD dedicado a Chico Buarque, e os nomes de sua preferência eram Ney Matogrosso e Leandro Braga. Ao saber que a negociação não estava avançando, João Nogueira se ofereceu a Chediak, de quem era amigo, e de cujos *songbooks* participava regularmente. Esperançoso de que seus favoritos aceitassem o convite, o produtor foi cozinhando João, que telefonou algumas vezes. Até que veio a notícia de que Ney lançaria pela PolyGram um disco cantando apenas Chico, *Um brasileiro*, que chegou às lojas em 1996.

Chediak, então, partiu para a segunda opção. E, certamente, não se arrependeu, assim como João não se importou muito de ser o sobressalente. Sabia que, visto principalmente como um intérprete de sambas sincopados e dolentes, poderia não ter crédito para receber a missão de gravar a obra variada de seu colega de futebol no Polytheama.

Quando recebeu o "sim", partiu para surpreender público e críticos. Primeiramente, escolheu o pianista, arranjador e parceiro na jornada: Marinho

Boffa, seu vizinho no Recreio. Eles tinham se conhecido há pouco tempo de maneira inusitada: João estava sem alguém para tocar piano em sua banda num show no Arpoador que aconteceria naquele mesmo dia. Paulinho Trompete sugeriu Marinho e ligou:

– Vem pra cá agora!

Ele recebeu as partituras pouco antes de entrar no palco, deu conta do recado e foi procurado pelo cantor logo depois do último número:

– Meu compadre, tá a fim de seguir?

– Vamos nessa!

Também amigo de Chico, Marinho era uma ótima escolha para o disco da Lumiar. Ele formou para as gravações um time de craques com, entre outros, Wilson das Neves (bateria), Robertinho Silva (percussão), Ovídio Brito (percussão), Jorge Helder (baixo), Jorge Simas (violão), Carlos Malta (sax), Zé Bigorna (sax), Dirceu Leite (clarinete) e Paulinho Trompete. A execução das orquestrações ficou com a Cia. das Cordas.

Alguns músicos importantes fizeram participações especiais em determinadas faixas. O violonista Marco Pereira ganhou a introdução de "Gota d'água" para realizar da maneira que desejasse, além de fazer sozinho o acompanhamento de "Olê, olá." Vittor Santos pediu para escrever o arranjo de trombones de "Homenagem ao malandro" e tocou os quatro, superpostos depois na mixagem. Ubirajara Silva, pai do cantor Taiguara, foi chamado para tocar bandoneón em "Bastidores." Zé Nogueira pontuou com o sax-soprano "Sem fantasia", gravada por Leny Andrade em dueto com João – a quem ela chamava de "o último dos malandros."

"Foi difícil equilibrar as duas vozes. João foi no grave lá embaixo. Cantaram ao mesmo tempo, um olhando para a cara do outro", conta Marinho. Seu orgulho se estende aos arranjos criados, que lhe valeram uma indicação ao Prêmio Sharp. "Eu pensei: preciso fazer diferente do que as pessoas conhecem. E o resultado é que até hoje falam desse trabalho. Ed Motta disse numa entrevista que era um disco que ele queria ter feito."

João também quis muito. Além dos sambas que se encaixariam naturalmente na sua voz, casos de "Feijoada completa", "A Rita", "Quem te viu, quem te vê" e "Deixe a menina", arriscou-se em cortantes músicas de amor, inclusive na voz feminina, algo que poderia ferir um macho do Méier. Basta ouvir as versões de "Com açúcar, com afeto", "Olhos nos olhos" e "Gota d'água" para constatar que isso não aconteceu. O próprio Chico Buarque telefonou para dizer que tinha ficado surpreso e contente com essas interpretações – elogio mais do que sincero, o que não impedia de conter uma leve ironia dessas que amigos se permitem.

O CD foi gravado no final de 1995, chegou às lojas em dezembro e circulou, como na temporada do Mistura Fina, em 1996, ano em que João conquistou o Prêmio Sharp de melhor cantor. Tendo sido mais uma produção independente, era um disco para poucos, sem venda expressiva, mas que servia para não deixar dúvidas sobre a ótima forma em que o cantor se encontrava. Para a produtora Lu Araújo, que começou a acompanhar João naquela época, ele estava sendo valorizado como merecia. Dois anos depois a situação estaria completamente diferente.

JOÃO DE TODOS OS SAMBAS – BMG
Capa: Emil Ferreira e André Teixeira
Foto: Alberto Vilar

19 JOÃO DE TODOS OS SAMBAS 1998

GRAVADORA – BMG
PRODUÇÃO – JORGE CARDOSO

MÚSICAS

- 01 - HAJA CORAÇÃO
  Elias Muniz | Luiz Carlos
- 02 - NÃO HÁ FELICIDADE
  Dedé Paraíso | Ando
- 03 - ESTRELA DA MANHÃ
  João Nogueira | Paulo César Pinheiro
- 04 - CAMINHA CAYMMI
  João Nogueira | Paulo César Pinheiro | Edil Pacheco
- 05 - CHIC RADICAL
  Jorge Simas | Marcos Paiva
- 06 - AI! QUE CALOR
  Jorge Cardoso | Beto Correa
- 07 - QUANDO PAREI NO SINAL
  Arlindo Cruz | Franco
- 08 - PRO MUNDO MORAR
  João Nogueira | Mário Lago
- 09 - CARENTE DE AMOR
  Helinho do Salgueiro | Márcio Paiva | Mauro Jr.
- 10 - QUEM ME QUISER
  Gilson | Carlos Colla
- 11 - APITAÇO
  João Nogueira
- 12 - CORAÇÃO NA VOZ
  Nosli | Gerude | Nonato Buzar
- 13 - PRA QUE CIÚME?
  João Nogueira | Paulo César Pinheiro
- 14 - ROCINHA
  João Nogueira | Paulo César Pinheiro

João durante show do Sincopasso, no Rio Jazz Club, início dos anos 1990

O fechamento do Clube do Samba não significava o abandono, por parte de João, da militância cultural. Em 21 de fevereiro de 1997, por exemplo, o *Jornal do Brasil* publicou reportagem intitulada "A guerrilha do samba", na qual o cantor falava de seu plano de invadir bares e restaurantes para mostrar o que chamava de "verdadeira música carioca." "É guerrilha mesmo, vamos encarar. (...) Se der bronca, não tem problema, vai dar até repercussão", afirmou ao repórter Alexandre Medeiros, no Bar Luiz.

Se ele chegou a fazer isso, não foram ações que desencadearam uma onda. Outra ideia sua da época era o Sacode, também uma estratégia de invasão, mas das rádios. Não foi em frente.

Levantar esses temas em aparições na imprensa despertava o interesse dos jovens amantes do samba – uma categoria em crescimento – por aquele autor de músicas conhecidas, mas que já não fazia tanto sucesso quanto outrora. O problema é que João não era mais jovem, o corpo dava os primeiros sinais de declínio e ele desejava voltar para uma grande gravadora. Afinal, seu amigo Martinho da Vila ultrapassara na Sony 1 milhão de cópias vendidas, em 1995, com o CD *Tá delícia, tá gostoso*, puxado por "Mulheres", e reconquistara seu lugar no topo das paradas. Zeca Pagodinho ressurgira das cinzas na PolyGram com "Samba pras moças", em 1995, e só via aumentar seu público. Jorge Aragão logo iria pelo mesmo caminho na mediana Indie. Por que não João?

Mas ele se aliou às pessoas erradas. Começou a negociar com Arnaldo Saccomani, mais tarde conhecido como jurado de programas de TV e na época um produtor e compositor na linha tudo pelo sucesso. O paulistano levou o projeto à BMG, que não tinha mais Miguel Plopschi na direção artística, mas continuava uma companhia em que só gente do porte de Chico Buarque possuía autonomia para trabalhar. João achou que conseguiria dobrar essas forças, mas descobriu no início de 1998, no AR Estúdios, que seria impossível. O recado foi claro: ou acatava as ordens ou não tinha disco. Atolado em dívidas ainda por causa do Clube do Samba e ansioso para voltar a tocar nas rádios, ele cedeu.

O resultado de *João de todos os sambas* foram, claramente, dois CDs em um. Nove faixas tinham o estilo do cantor e as outras cinco poderiam estar no repertório de qualquer grupo fabricado de pagode. Uma delas, logo a de abertura e escolhida para música de trabalho, contava com Luiz Carlos, o líder do Raça Negra, como um dos autores. "Haja coração" ainda foi a única das impostas pela BMG que João aceitou incluir nos shows feitos naquele ano.

As outras eram "Não há felicidade" (Dedé Paraíso/Ando) – já a segunda faixa, o que deixava o artista descaracterizado logo no início do CD –, "Carente de amor" (Helinho do Salgueiro/Márcio Paiva/Mauro Jr.), "Quem me quiser" (Gilson/Carlos Colla) e "Ai! Que calor" (Jorge Cardoso/Beto Correa). Esta última virou o símbolo de tudo o que aconteceu. Em primeiro lugar, por seu apelo sensual de baixíssima qualidade. Em segundo, porque tinha como compositor Jorge Cardoso, escalado pela gravadora para produzir o disco.

"As diretrizes vieram de cima. Eu me preocupava com a parte musical e se faltava fechar o repertório. Por isso, mostrei a minha canção, bem popular", conta Cardoso, garantindo que João não brigou com ele.

Mas expressou sua tristeza a todos à volta. "Ele não gostava do disco, falava mesmo, porque não negava sentimento. Ficou muito triste", conta Ângela, sua mulher.

"Ele abominava as concessões. Era um contraste com a vida dele. Tudo o que o João tinha como bandeira teve que deixar a meio-pau. A tristeza era evidente. Ele pode não ter usado essa palavra, mas tinha vergonha", afirma Jorge Simas, que não tocou no CD, mas estava por perto como amigo e violonista dos shows.

Quem cuidou do violão no estúdio foi Cláudio Jorge, após 20 anos de afastamento. Ele fora meses antes ao extinto Ballroom, no Humaitá, Zona

Sul do Rio, numa noite em que João era uma das atrações. Ao chegar, perguntaram se ele não poderia acompanhar o cantor no palco, pois faltava o violonista. Ele disse que sim e, um pouco receoso, foi ao camarim. João o recebeu com um forte abraço. E, após a apresentação, falou que o queria no disco que estava para gravar.

Quando tocou "Ai! Que calor" no estúdio, Cláudio olhou para o velho amigo, que entendeu a mensagem e retribuiu o olhar, num diálogo sem palavras. Conversaram depois, e João resumiu a situação numa frase:

– Estou aberto a todas as possibilidades.

Ele queria como arranjador Cristovão Bastos, Marinho Boffa, Jorge Simas ou os três. Deram-lhe Jota Moraes e Eduardo Souto Neto, que revestiram as faixas de teclados e acrescentaram detalhes como solos de sax nada afinados com o jeito de João. Como produtor, ele queria um Paulo César – Pinheiro ou Feital. Ficou com Jorge Cardoso. Queria gravar "No tempo do Patropi", de Simas e Feital, mas a BMG achou o samba muito sofisticado. Segundo o violonista, ele nem encontrou ânimo para lutar. Ainda impuseram um título no mínimo ambivalente, na verdade maldoso, pois, ao classificá-lo como "de todos os sambas", despiam-no do rigor com que sempre escolheu seu repertório.

"A proposta era tocar todo tipo de samba, com várias levadas, mostrar João mais como cantor, não só compositor", recorda Jorge Cardoso.

Das nove que valiam a pena, João era autor ou coautor de seis. Com Paulo César Pinheiro havia a poética "Estrela da manhã", a reverente "Caminha Caymmi" (com Edil Pacheco também na parceria), a romântica "Pra que ciúme?" e o samba-enredo "Rocinha", de exaltação à favela. Ele cumpriu um antigo desejo ao completar uma composição de Mário Lago, "Pro mundo morar", e fez sozinho "Apitaço", crônica sobre o então costume de jovens de Ipanema de apitarem na praia para alertar que a polícia estava chegando à procura de maconha. Também crônicas eram "Chic radical", de Simas e Marcos Paiva, e "Quando parei no sinal", de Arlindo Cruz e Franco. Já "Coração na voz" (Nosli/Gerude/Nonato Buzar) era romântica.

A combinação de estilos dessas nove canções era coerente com a discografia de João, mas o restante não era, e sua saúde foi abalada com isso. Em 1º de abril, dia em que o CD chegou às lojas, ele teve um AVC (acidente vascular cerebral). Foi internado em estado preocupante. Duas semanas depois já estava novamente de pé e dando entrevistas sobre o disco. Profissional, dizia que as escolhas tinham sido suas, e as defendia.

"Eu sempre fui muito independente, sempre fiz o que quis, mas nesse disco quis escutar o que as pessoas tinham a dizer, as músicas que estão rolando por aí. Estavam falando muito sobre samba paulista, confrontando com o carioca, discutindo qualidade, e eu não podia sair por aí achando que o que faço é necessariamente melhor do que aquilo que a rapaziada nova está fazendo. Tive muito cuidado, procurei ouvir tudo", mentiu à repórter Lena Frias, do *Jornal do Brasil*.

Findas as entrevistas no Rio, nova internação, porque o quadro piorara. Foram suspensas as ações de divulgação em São Paulo e o lançamento previsto para 1º de maio na Rocinha. Só foi viável retornar aos palcos em julho, em Brasília. João se vestiu de preto para a ocasião, coisa rara.

– É escudo. Tô precisando – justificou.

A possibilidade de shows em Paris durante a Copa do Mundo não se confirmou. E se o Brasil já para em ano de Copa, ainda pararia mais em 1998, por ser ano de eleições para presidente da República, governador e cargos do Legislativo. Foi uma temporada muito difícil para o artista. O evento na Rocinha, com show e bobó de camarão, acabou acontecendo em agosto, mas debaixo de chuva. No mesmo mês, a temporada no Mistura Fina teve boa aceitação de público e crítica, já que o repertório apresentado era o seu de fato e de direito. Uma reação muito melhor do que a que o CD tivera nos jornais.

"Ele era conhecido como batalhador do samba. Tinha temor de que, já na reta final da vida, lançasse um disco que a crítica fosse detonar. Foi o que aconteceu", conta a produtora Lu Araújo, que em dezembro daquele ano deixou de trabalhar com João.

O que seria a volta por cima rumo ao sucesso terminou em frustração, mágoa e fragilidade física.

ESQUINA CARIOCA – DABLIÚ
Projeto gráfico: Elias Mello
Fotos: Christian Parente

20 ESQUINA CARIOCA 1999

GRAVADORA – DABLIÚ
PRODUÇÃO – MOACYR LUZ

MÚSICAS

- 01 - PATRÃO, PRENDA SEU GADO
  Pixinguinha | Donga | João da Baiana
  JOGO RASTEIRO
  Moacyr Luz | Nei Lopes
- 02 - PRA QUE PEDIR PERDÃO?
  Moacyr Luz | Aldir Blanc
- 03 - OLHA AÍ
  Mical | Miúdo
- 04 - A.M.O.R AMOR
  Mauro Duarte | Walter Alfaiate
- 05 - ALÉM DA RAZÃO
  Sombra | Sombrinha | Luiz Carlos da Vila
- 06 - DOCE REFÚGIO
  Luiz Carlos da Vila
- 07 - MINHA MISSÃO
  João Nogueira | Paulo César Pinheiro
- 08 - ESPELHO
  João Nogueira | Paulo César Pinheiro
- 09 - AXÉ DE IANGA (PAI MAIOR)
  Dona Ivone Lara
- 10 - CANDEEIRO DA VOVÓ
  Dona Ivone Lara | Delcio Carvalho
- 11 - EXALTAÇÃO À MANGUEIRA
  Aluísio Augusto da Costa | Enéas Brites
  FOLHAS SECAS
  Nelson Cavaquinho | Guilherme de Brito
- 12 - GEOGRAFIA POPULAR
  Marquinhos de Oswaldo Cruz
  Edinho Oliveira | Arlindo Cruz
- 13 - SACODE CAROLA
  Hélio Nascimento | Alfredo Marques
- 14 - SEM ENDEREÇO
  Arlindo Cruz | Luiz Carlos da Vila
- 15 - O PODER DA CRIAÇÃO
  João Nogueira | Paulo César Pinheiro
- 16 - ACREDITAR
  Dona Ivone Lara | Delcio Carvalho
- 17 - NÃO SOU MAIS DISSO
  Zeca Pagodinho | Jorge Aragão
- 18 - SAUDADES DA GUANABARA
  Moacyr Luz | Aldir Blanc | Paulo César Pinheiro

Com Beth Carvalho, 1994

Não fosse a ajuda de alguns amigos, os últimos anos de João teriam sido ainda piores financeiramente. Um desses amigos passou para o próprio nome a casa do Recreio, a fim de evitar que a Justiça a penhorasse por causa das ações derivadas do Clube do Samba. Muitos shows que o cantor fez não foram realizados por prazer ou estratégia, mas por cachê mesmo.

Moacyr Luz pensou nisso quando o chamou para um projeto em que o dinheiro estava garantido. Mas não foi a razão principal. Conhecia o sambista havia mais de 20 anos e o tinha na lista de ídolos. João possuía o perfil perfeito para o projeto em questão: seis nomes representativos do samba carioca juntos em São Paulo num show patrocinado pelo grupo proprietário do bar Pirajá – entre outras casas paulistanas, como a pizzaria Bráz.

Não era um patrocínio frio, desses decididos por gerentes de marketing. O Pirajá se propunha a ser uma "esquina carioca" na capital paulista, mais precisamente na avenida Brigadeiro Faria Lima com rua Padre Carvalho. A proposta foi inspirada em bares do Rio como o Bracarense, e Moacyr logo se afeiçoou ao estabelecimento, arrastando outros músicos. A ideia de um espetáculo que virasse CD era uma promoção interessante. Os sócios Edgard, Sergio, Mario, Ricardo e Fernando se animaram e reservaram uma noite no Tom Brasil: 24 de março de 1999.

Coube a Moacyr arregimentar os grupos de instrumentistas e intérpretes. O elenco do primeiro tinha Carlinhos 7 Cordas, Pedro Amorim (bandolim e cavaquinho), Beto Cazes (percussão), Marcelinho Moreira (percussão) e Gordinho (surdo), além de Dorina e Teresa Cristina nos vocais. Na segundo, estavam o próprio Moacyr (também tocando violão), Beth Carvalho, Dona Ivone Lara, Walter Alfaiate, Luiz Carlos da Vila e João Nogueira. Ainda houve uma participação de Nelson Sargento.

Quanto ao repertório, não havia o que inventar. Cada um cantaria três de seus sucessos e haveria uns três números coletivos. O formato é que precisava fugir do convencional. Moacyr e o outro diretor artístico, Elifas Andreato, conceberam um tablado de 20cm de altura para os artistas ficarem e em torno do qual a plateia se sentaria, aproximando bem as duas partes. Quem entrasse em cena dava seu recado e ficava nas mesas de bar do palco. Quando Beth subiu, os seis se reuniram e cantaram "Exaltação à Mangueira." E não saíram mais, todos com mais um samba cada para apresentar.

Foram criadas cenas como a de Dona Ivone passando pelo público enquanto entoava "Axé de Ianga (Pai maior)." E Moacyr propôs a João que fizesse "Minha missão" à capela, como já acontecera no disco *Parceria*. Mas havia cinco anos e um AVC de diferença, o formato era arriscado.

– Ainda vou fazer nego chorar! – topou, entusiasmado, o cantor, que não falhou e, de fato, emocionou muita gente.

Foi sua entrada no show. Emendou com "Espelho." E, mais à frente, mandou "Poder da criação." Três letras de Paulo César Pinheiro, três clássicos de João.

No final, a maior parte das 1.200 pessoas que foram ao Tom Brasil ovacionava o sexteto e pedia que o show não parasse. João estava feliz, mas cansado e com fome. Tinha ficado viciado no bacalhau desfiado do Pirajá.

– Acaba essa merda, quero comer aquele bacalhau! – falou no palco para Moacyr.

Os dois já haviam sido parceiros em duas músicas feitas para o bloco do Clube do Samba – uma delas teve como tema o desabamento do edifício Palace II, no Rio, em fevereiro de 1998, construção do empresário e deputado federal por Minas Gerais, Sérgio Naya. E, para além das parcerias carnavalescas, João era fã de uma composição de Moacyr com Aldir Blanc, "Pra que pedir perdão?", presente no roteiro do show do Pirajá. Ele a chamava de "Samba do Chico Caruso", porque o cartunista o cantava bastante.

Esquina carioca, o CD, foi lançado pela Dabliú, gravadora do compositor J. C. Costa Netto, com distribuição da Eldorado. Moacyr quis refazer a voz em uma faixa. Todo o restante foi ao vivo mesmo. A foto da capa teve como locação o tradicional restaurante carioca Cosmopolita, na Lapa. No dia 17 de janeiro de 2000 aconteceu uma noite de autógrafos no Pirajá. Os seis cantores principais ficaram numa grande mesa assinando. Moacyr se lembra do número de discos vendidos: 480. João o cutucou a certa hora:

– Dona Ivone não tá aguentando mais

Foram embora. E o CD seguiu bem. Segundo a Dabliú, que assumiu também a distribuição a partir do quarto trimestre de 2001, foram produzidas 12 mil cópias. Moacyr conta que 2 mil a comitiva do presidente Lula levou para dar de brinde durante uma viagem ao Oriente Médio. Ele acredita que o resultado comercial poderia ter sido muito melhor, já que ainda se fala e se procura bastante o disco. Mas o resultado artístico foi satisfatório, inclusive para João. Viveu uma alegria num período difícil, em que sua saúde fraquejava.

– Na época do show, ele estava dando sinais de fraqueza. Mas continuava firme, cantando muito bem – conta Beth Carvalho, que tentaria dar sua contribuição para um último disco solo do amigo.

E LÁ VOU EU...

Alegria em azul e branco: desfile da Tradição, 1994

Ângela, João e Tatiana, 1979

No final da vida, João estava com 90% da carótida esquerda e 80% da direita entupidas. O comprometimento da circulação sanguínea era grande. Em função do diabetes, feridas apareceram. Sofreu outros acidentes vasculares cerebrais depois do de abril de 1998. Movimentava-se com dificuldade e, se era chamado para uma apresentação, cantava sentado – foi assim, por exemplo, na Rádio MEC, no reencontro com seu primeiro produtor, Adelzon Alves. O fumo, a bebida e todos os excessos da vida boêmia tinham minado seu organismo. Estava autorizado a, no máximo, tomar vinho, mas pedia cerveja e cigarro a amigos de vez em quando.

"No primeiro momento da doença, ele cantou até melhor, porque reduziu o cigarro e a bebida. Mas o organismo começou a exigir demais do coração e do pulmão. Passou a não ter resistência para cantar", diz o violonista Jorge Simas, que acompanhou de perto os problemas.

Em 2000, João sequer tinha condições de correr atrás de gravadoras.
Falava para a mulher, Ângela, que estava vendo se repetir a rejeição que testemunhara na Odeon ao mestre Cyro Monteiro, morto em 1973. Mas havia muita gente próxima a João empenhada em não deixar que ele partisse sem realizar mais um disco. Logo se constatou que seria, obrigatoriamente, um CD ao vivo, pois o cantor não aguentaria a lida dos estúdios. E ele faria o show sentado, num cenário de mesa de bar, com o apoio de um coro, dentro de uma concepção do diretor Tulio Feliciano, criada para dar as melhores condições a João.

Repertório não faltava. Queria gravar "Pra que pedir perdão?", de Moacyr Luz e Aldir Blanc; "Arrepio no braço", de Carlinhos Vergueiro; "Negra luz", parceria com Paulo César Feital que acabou sendo seu último samba, composto em homenagem à atriz Isabel Fillards, a quem considerava muito bonita; e ainda queria registrar músicas suas que estavam esquecidas.

O disco sairia pela Jam Music. O dono da gravadora, Paulo Amorim, chegou a ficar reticente com o projeto, mas topou. No dia em que foi com sua mulher, a cantora Jane Duboc, almoçar na casa de Beth Carvalho, recebeu uma pressão da sambista, que ali mesmo ligou para Ângela:

– A Jam Music vai fazer o disco do João.

Ele veio ao telefone falar com aquela que se orgulha do título "madrinha do samba."

– Depois de velho vou ser seu afilhado? – ironizou.

Cristovão Bastos começou a escrever os arranjos do show, marcado para 13 e 14 de junho, no Tom Brasil. Paulo Muniz era um dos proprietários da casa paulistana. Na reta final, ainda com muito trabalho por fazer, o pianista esteve na casa do cantor. E não gostou do que ouviu:

– Meu compadre, tô indo embora.

No dia 2 de junho, uma sexta-feira, houve ensaio. João, de bengala, foi sincero com Simas:

– Não estou preocupado em como vai ser o disco. A minha preocupação é se eu vou estar lá.

No sábado, Simas e Feital foram ao Recreio para que ele cantasse a recém-concluída "Negra luz." Mas João mal conseguia respirar. "Chorei quando o vi abrir a boca e não sair nada", recorda o violonista.

Na madrugada de segunda-feira, 5 de junho, Simas, assim como tantos outros amigos, recebeu a notícia da morte. Aconteceu pouco depois da meia-noite, um enfarte como encerramento de um quadro de deterioração.

No mesmo dia, seu corpo foi velado e sepultado no cemitério São João Batista, em Botafogo, na Zona Sul do Rio. Fãs anônimos satisfizeram a vontade do artista, que dissera querer sua despedida com música, e cantaram algumas de suas obras, entre elas "Minha missão", "Súplica" e "Poder da criação."

Ali mesmo, no cemitério, surgiu a ideia de não desperdiçar as datas do Tom Brasil e aproveitá-las para fazer uma homenagem a João. Houve quem, no primeiro momento, achasse aquilo de tremendo mau gosto. Mas o plano rapidamente foi aprovado pela maioria e ganhou a simpatia do dono da Jam Music. Em velocidade recorde, os arranjos foram escritos por Simas, e intérpretes convidados por uma produção encabeçada pela própria família Nogueira aceitaram participar.

João Bosco e Chico Buarque não puderam ir a São Paulo, mas gravaram em estúdio, respectivamente, "Nó na madeira" e "Poder da criação." No Tom Brasil estiveram Zeca Pagodinho ("Do jeito que o rei mandou" e "Sonho de bamba"), Dona Ivone Lara ("Clube do Samba", ao lado de Didu Nogueira, e "Súplica"), Emílio Santiago ("Albatrozes" e "Batendo a porta"), Carlinhos Vergueiro ("Maria do Socorro" e "Negra Luz"), Arlindo Cruz & Sombrinha ("Alô, Madureira" e "Mineira"), Beth Carvalho ("As forças da natureza" e "Corrente de aço") e a família de João: o sobrinho Didu ("Xingu"), a irmã Gisa ("Meu canto sem paz") e o filho Diogo ("E lá vou eu" e "Espelho"), então um amador que queria ser jogador de futebol, estreando em disco. O CD se chamou *Através do espelho* e foi lançado apenas em 2001.

Outras recordações fonográficas vieram depois. Um show realizado no Hipódromo Up, no Rio, em 1998, virou *O nome do samba é João* pelo selo Weekend. A Universal reuniu numa caixa os quatro álbuns da fase Polydor. Em 2008, a EMI lançou a coletânea dupla *Poder da criação*, com 28 das faixas gravadas nos anos 1970. Mas, como é hábito da indústria, nenhum dos discos originais de João, afora as coletâneas, ficaria muito tempo em catálogo. Tornou-se tarefa árdua e normalmente inglória encontrá-los.

Ele continuou a ser lembrado, inclusive pelos mais jovens. É um dos grandes ídolos de Marcelo D2 e Seu Jorge, que gravaram músicas dele. Na noite da Lapa carioca e da Vila Madalena paulistana, tem a obra sistematicamente cantada. E Diogo, consagrado a partir do primeiro disco, de 2007, é seu intérprete mais fiel. Todos esses fatores tornam difícil explicar porque os direitos autorais – livres de penhora desde o final da primeira década do século XXI – rendem apenas cerca de R$ 1.000 mensais, em média, aos herdeiros (segundo eles mesmos).

– O samba hoje está colocado. João morreu um pouco antes de isso acontecer – lamenta Didu.

Poderia estar gravando parcerias que deixou inéditas com Paulo César Pinheiro, Feital, Zé Katimba e outros. E conhecendo compositores novos, além de ser reconhecido pelas plateias também novas. Eles e elas estão aproveitando o extenso, rico e peculiar legado deixado por João Nogueira para se inspirar, se divertir, viver intensamente.

Com o filho Diogo Nogueira, anos 1990: herança e afeto

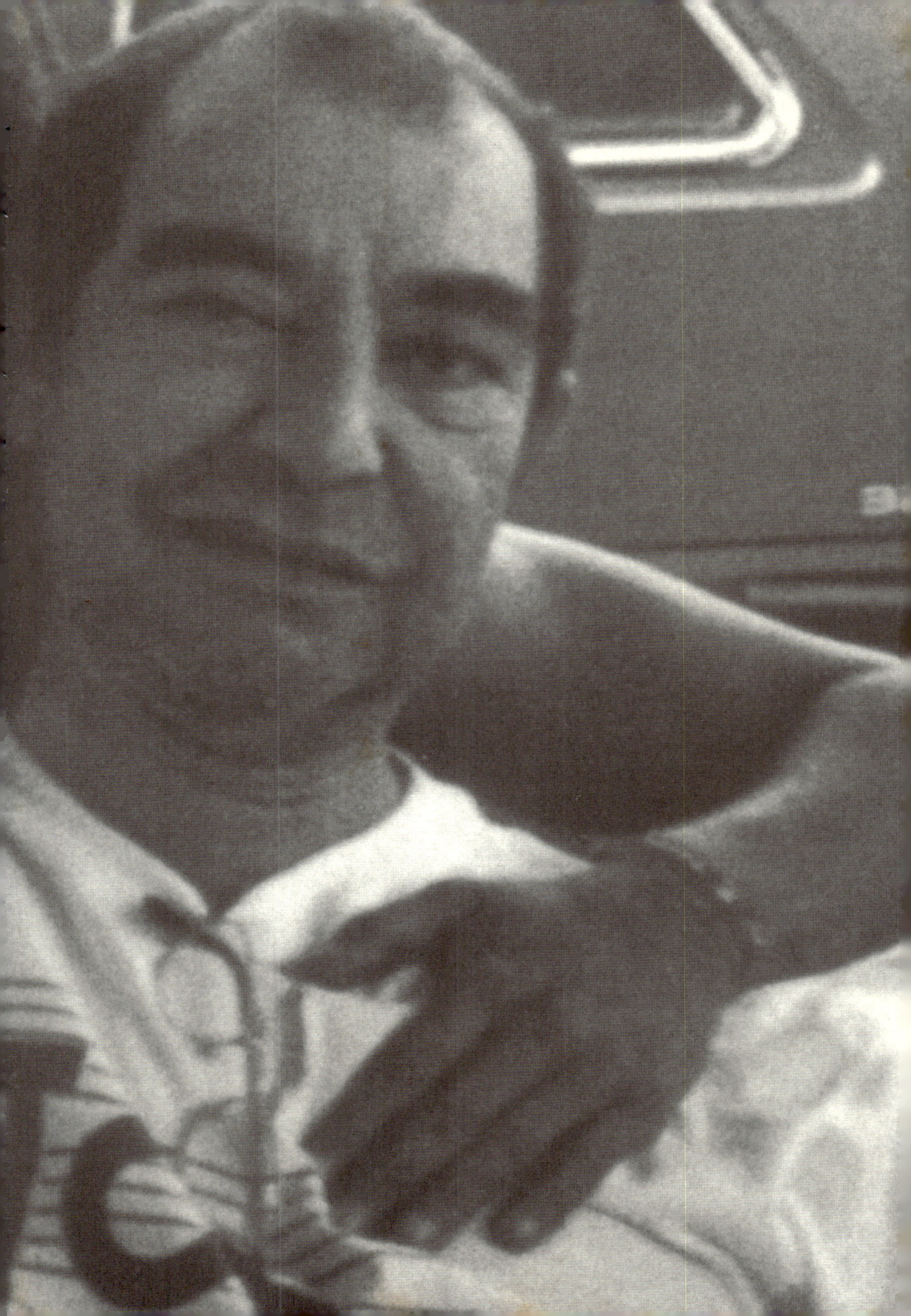

O autor e a editora agradecem a reprodução das capas de discos e imagens aos seus titulares de direitos autorais. Sem esses documentos a publicação desta homenagem não seria possível.

CRÉDITO DAS IMAGENS

Acervo O Globo - páginas 8, 29, 35, 40, 49, 62 (foto de baixo), 138, 140, 142, 152, 184, 202, 205

Acervo JB - páginas 44, 82, 86, 106, 122, 128, 132, 135, 144, 155, 162, 172, 189

Acervo O Dia - páginas 88, 99, 242, 248

Acervo Museu da Imagem e do Som (MIS) - páginas 20, 54, 76, 131, 209, 214, 219

Acervo da família - páginas 12, 14, 18, 26, 30, 43, 58-59, 62 (foto de cima), 72, 75, 85, 94, 108, 111, 112, 118, 121, 122, 176-177, 194, 224, 232, 250, 254-255

Acervo Sérgio Cabral - página 71

CEDOC/Funarte - página 68

Fotos da capa: Gilberto Grecco, Milton Montenegro e Flávio D'Alincourt

SAMBA BOOK

1ª edição	abril 2012
impressão	Edelbra
papel de miolo	Lux Cream 70g/m²
papel de capa	Cartão Supremo 300g/m²
tipografia	Apex Sans